U0907391

TWELVE

我与长光是小天鹅的“两只翅膀”

我和长光

带着女儿佳佳一起创业

幸福一家人

顾客们亲切地称呼我为“阿信嫂”

创业时的老店只容得下三张桌三口锅

1991 年独闯四川省会成都

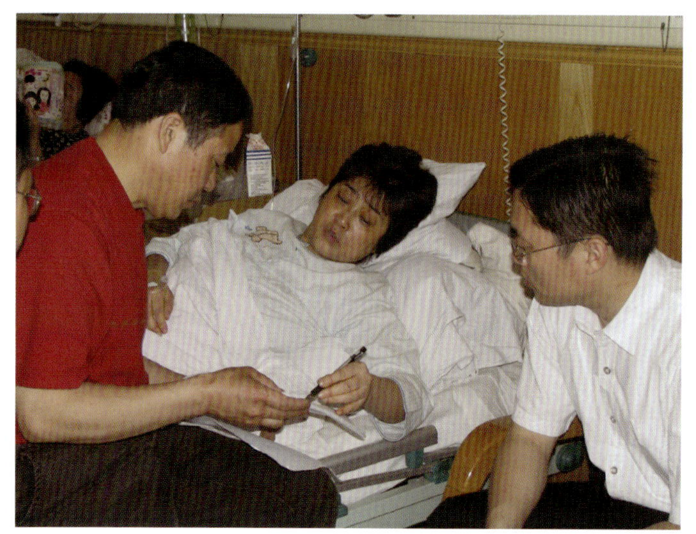

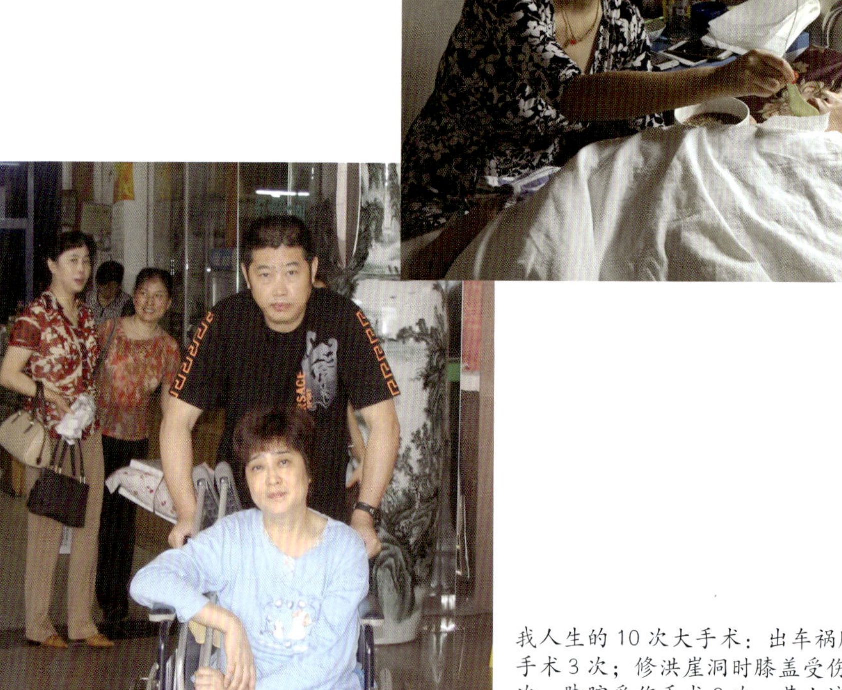

我人生的 10 次大手术：出车祸股骨头手术 3 次；修洪崖洞时膝盖受伤手术 2 次；脚腕受伤手术 2 次；黄山演讲时摔断腰手术 1 次；手腕受伤手术 1 次；2019 年年底，切除肾上肿瘤手术 1 次。

洪崖洞火了——千厮门大桥、沧白路上禁止车辆通行，路上全是来洪崖洞打卡的游客。

美丽的千厮门大桥

小天鹅艺术团的精彩表演深受游客欢迎

洪崖洞拆迁前旧貌

洪崖洞的全景

提档升级后洪崖洞业态，打造80年代重庆市井生活主题场景街区——洪崖洞5楼“重逢1980”

提档升级后洪崖洞业态，打造洪崖洞“梦幻巴渝十二景”科技互动体验区及二次元体验空间

何永智：全国政协委员

洪崖洞洞主，小天鹅火锅创始人。中国火锅皇后。

使用最新版抖音扫码，加我好友

抖音

洪崖洞旅游
（提档升级后的洪崖洞业态）

洪崖洞大酒店

洪崖洞景区

小天鹅火锅

破圈者：洪崖洞的背后

何永智　响石 / 著

目　录 CONTENTS

序一：勇者智者

改革开放四十多年来，中国民营企业从最初的允许申办个体户到“姓社姓资”争论，再到鼓励民私营企业发展，历经了一个从无到有、从小到大的曲折发展历程。如今，民营企业已经成为中国经济新的支撑点和增长点，其发展的速度和成就是喜人的。

1978年刚刚改革开放时，全国个体工商户只有15万户，而这15万户大多还只是修自行车、修鞋的，总产值微乎其微；到了20世纪80年代初，才开始有极少数人下海经商，但仍处于摸索阶段，是摸着石头过河。当时，廖长光和何永智这对青年夫妻，双双辞职，下海经商，共同创办了小天鹅。在那个时候，何永智在单位正是春风得意的童鞋设计能手，竟毅然决然地辞职下海，这没有非凡的勇气是难以做到的。

小天鹅刚刚创立时，规模很小，只有三张桌子，面积只有十几平方米。然而，就是这样一个毫不起眼的街边小店，何永智夫妇却将它经营得风生水起，最终把火锅做成了重庆的城市名片。起点极低的小天鹅能取得创业成功绝不是偶然的，是天时、地利与人和的综合效应。

20世纪80年代初，改革的春风正如星星之火，向全国蔓延开来。由于很多人还在观望中，不敢轻易下海，这就给了敢于第一个“吃螃蟹”的人千载难逢的商业机会。何永智凭热情周到的服务和豪爽大气的为人，迅速地获得了好口碑。据统计，民营企业的平均寿命只有2.5年，如今小天鹅已经走了近四十年的风风雨雨，它不仅没有衰败，相反，还因风雨的洗礼而更加茁壮，成了重庆民营企业乃至于全国民营企业的标杆和榜样。从商业管理角度，我认为小天鹅有很多经验值得管理者和创业者去学习。

小天鹅的成功，一个重要原因是重视产品文化的提升，在挖掘中国餐饮文化内涵和开发重庆地域文化方面做出了大胆的尝试。小天鹅的成功还归因于善于总结、不断纠错。任何成功的企业都离不开创新，小天鹅在创新上也是我们学习的典范。何永智发明了“鸳鸯火锅”，又研发出了“子母火锅”“美人美火锅”。正是由于这些创新，不仅让小天鹅获得蓬勃发展，而且把重庆火锅由街边小摊慢慢走向高档餐桌，从地域相对局限的重庆辐射到了广阔的五湖四海乃至大洋彼岸。正是何永智把重庆火锅带向了全国、全世界。

小天鹅的不断发展壮大还在于与时俱进，勇于开拓。小天鹅在经营火锅的过程中不断开发新项目，从美食到美景，打造出重庆地标景区洪崖洞，近些年又开始涉足美业，经历一次次华丽转身，取得了一个又一个的成功。

小天鹅集团是四十年中国民营经济发展的缩影和活标本，是一个非常有故事、有历史的民企成功样本；何永智是这一代创业家的杰出代表，而且是至今依然保持旺盛生命激情的成功企业家。国家已经赋予民营企业与其他主体企业平等的市场地位。何永智获得了她应得的一切社会荣誉，被推选为第十一届全国政协委员，她的丈夫廖长光当选为第九届全国人大代表，这是社会对他们的认可，也是社会进步的见证。

我和何永智认识多年，她快人快语，为人热情，在把企业经营得红红火火的基础上还积极参与社会活动。目前，她是民建中央企业委员，连续担任了两届重庆市民建企业家联谊会长，还参与了民建中央发起的扶贫思源工程。

祝贺本书的出版。这本书让读者近距离地了解到小天鹅集团近四十年的发展轨迹，既激励后来者，又为企业管理思想库增添了一个经典案例，一个非常精彩的民企发展样本。相信这本书不仅见证了中国改革开放和经济发展历程，而且还给广大读者尤其是创业者更多的启发。把中国建设成一个创新型国家，大家一起来努力吧！

陈昌智

2020 年 10 月 12 日

（陈昌智：曾任第十一届全国人大常委会副委员长，民建中央主席）

序二：创业典范何永智

“巫山七百里，巴水三回曲”“何当共剪西窗烛，却话巴山夜雨时”……钟灵毓秀的重庆，触动了无数诗人的情怀，也养育了一方勤劳朴实的人民。改革开放以来，重庆的经济发展稳步增长，西部大开发的政策更是给这座山城带来了无限生机与活力。在这灵山秀水的滋养中，一批重信重义、自强不息的渝商脱颖而出，为重庆的发展与腾飞贡献了力量。重庆的山水美，但也意味着创业环境的艰难，所以渝商吃苦耐劳、直爽豪气的特点格外突出。这其中就有一位巾帼不让须眉的精彩女企业家——小天鹅集团的总裁何永智。

自改革开放以来，中国大地上涌现出一批女性商业奇才，如海尔的杨绵绵、格力的董明珠、SOHO的张欣，等等，小天鹅的何永智也是这样一个传奇。在日常生活中，她们和普通女性一样，温柔贤惠、相夫教子，但一进入商场，她们就是战士，闪现出不断的进取心和顽强的生命力。

中国几千年男尊女卑的思想让大家习惯性地认为，商场是男人的战场，游戏规则由男人制定，女人要想占有一席之地，必须付出比男人更多的辛劳，承受更大的压力。这些女强人成功的背后，的确有着常人难以想象的艰辛历程。女企业家的成功绝非偶然，她需要具备众多的优秀品质。从何永智身上，我总结出优秀女企业家所必须的品质有以下几种：

一是需要坚韧的意志。何永智有一股置之死地而后生的劲头，尤其在创业初期，这种精神鼓舞着她克服重重困境，终于守得云开见月明。她不管做什么事都激情飞扬，似乎在她的人生字典里根本不存在“困难”“颓丧”和“消沉”这样的字眼。然而人的一生，怎能处处平坦？何永智左腿受伤三次，手术七次，腰受伤一次，还得过一次癌症。但面对困难，何永智选择的不是退缩，而是用顽强的斗志执着前行。正因为如此，何永智被称为渝商“铁娘子”。几十年来，何永智一步一个脚印，把小小的火锅做得风生水起，做成了品牌，而且成为风靡全国、享誉世界的知名品牌。

二是需要持续的创业激情。何永智用火锅创造了可观的财富和荣誉，但她没有就此画下休止符，而是吹响了冲锋的号角，向文化旅游等行业进发，打造出仅次于故宫的网红景点——洪崖洞。

三是需要过人的胆魄。洪崖洞项目，就是何永智胆量、智慧和耐力的象征。虽然历程艰险，但最终实现了企业与社会的双赢，洪崖洞成为重庆的地标式建筑、世界建筑精品，更为可贵的是，何永智在地产界探索出一条新路——城市旅游综合体。

四是需要有强烈的创新意识。名扬海内外的“鸳鸯火锅”“子母火锅”和“美人美小火锅”都是何永智的发明创造，这些创新，在形式上改变了火锅的单一模式，在内容上满足了现代人对美味越来越高的追求，可谓与时俱进。新时代的女企业家，应该始终保持高昂的学习热情和旺盛的求知欲望，不仅在书本中汲取创新的知识和营养，又要在实践中增长才干、砥砺意志。

改革开放四十多年来，中国妇女的受教育水平和社会地位显著提高，也享有了更多参与政治、经济和文化活动的机会。女企业家作为其中的优秀代表，积极参与社会事务管理，为促进国家的发展建言献策。近年来，女企业家担任人大代表、政协委员的比例不断提高，担任行业协会、社团负责人的人数日益增加，有的还被推荐为党代会的代表。何永智因为杰出的贡献，当选为第十一届政协委员，第八届、第九届、第十届全国妇代会代表，她做了大量的调研工作，提了不少好的提案，真正传递了社会的关注与心声。

更为可贵的是，女企业家在推动经济发展的同时，也缓解了社会上的就业压力。由于特有的性别视角，女企业家创办或管理的企业特别关注和支持女性就业，给就业市场的劳动力特别是女性劳动力提供了相当数量的就业空间。小天鹅集团集餐饮、酒店、房地产、旅游、艺术、服装等产业于一身，员工过万，解决了大量的社会就业问题。

随着全球化进程的加快，我特别希望女企业家能够走出去，到国际舞台去闯一闯。当前，外国餐饮品牌不断涌入中国餐饮市场，洋快餐在中国像洪水一样泛滥，而何永智也把火锅店开到了国外。我们有理由相信，以重庆小天鹅集团为代表的餐饮企业在捍卫中国民族饮食文化尊严的道路上，将会做出更大的成绩，通过重庆火锅这一独具魅力的餐饮形式，把中国文化的博大精深，传达到世界的每个角落。

小天鹅创立至今已有38年，这对于一个企业来说是多么不易，有很多经验值得总结和提炼，我读这本书时，心中总不时泛起感慨。有人说，何永智是重庆女人的骄傲，打造了重庆的三张“名片”；我认为，她是全国妇女创业的典范，值得每一个人学习，学习她的勤劳善良，学习她的创新意识，学习她的人生智慧……

以此为序。

顾秀莲

2020年10月1日

（曾任第十届全国人大常委会副委员长，全国妇联主席）

序三：“网红景点”和“网红奶奶”

在中国众多女企业家中，有艰难创业的，有浴火重生的，有成就卓著的，有形象靓丽的，有气质高雅的……但如果有一位女企业家集上述特质于一身，那一定当属凤毛麟角了。如果这位凤毛麟角的女企业家，年近七旬却因拥抱互联网而成为广大网友喜爱的“网红奶奶”，那便独步天下了。

何永智大姐就是这样一位独步天下的“大姐大”：她是一位优雅、热辣的重庆女神；她是公认的“火锅皇后”，为重庆赢得“中国火锅之都”立下汗马功劳；她是全国第一网红景点洪崖洞“洞主”，为重庆贡献了新地标；她为重庆打造了“美食”“美景”“美女”三张名片，一生传奇；她创业38年历经波折，从未停歇；她不仅是企业家，还是服装设计师、建筑家和艺术家；她一生做过10次手术，仅左腿就经受了7次；她是网络世界的自媒体大V、美食品鉴官，以可爱的“网红奶奶”形象活跃在今日头条、抖音等大众化新媒体平台上。

我与何大姐相识于2011年，当时她正为洪崖洞的人气不旺而苦恼，正想法破局。虽然“刘老根大舞台”落户洪崖洞未果，但她巨大的人格魅力深深地吸引了我，我俩从此成为好友。她极其欣赏青年陶艺家汉方，常向人介绍我与汉方是她的两个“好弟弟”，于是我和汉方便多了一位好“大姐”。

中国人常说“天道酬勤”，这句话在何大姐身上得到了准确的演绎和印证。

二战以来，人类最伟大的发明是电脑和互联网。上世纪九十年代互联网传入中国，迅速改变了人们的生活方式。而近十年来，随着智能手机日益普及，移动互联网强势崛起，完全颠覆了人们的生活方式。

移动互联网的发展促进了短视频内容的快速增长，深受年轻人喜爱的抖音APP应运而生且迅速火遍中国的每个角落。2018年，洪崖洞在经历了数年蛰伏之后突然在抖音上爆火，并成为万千网友最向往的游玩打卡地。“想当网红吗？赶快坐飞机去重庆的洪崖洞录抖音短视频！”随着洪崖洞在线上持续火爆，线下更是人满为患，人气爆棚，以至于为了限流，主管部门在高峰期只能“轧断了桥，又轧断了街”。2019年，洪崖洞一跃成为仅次于故宫的超级网红景点。

洪崖洞的突然爆红，如同从天而降的“馅饼”砸到了何大姐头上。她是偷着笑？偷着哭？还是喜极而泣？估计都有可能。其实，这不是天上掉下的“馅饼”，而是天道酬勤，是老天爷对她30多年艰辛打拼的回馈和奖赏。

2018年9月，何大姐到京领取“中国改革开放40年功勋人物”大奖时，我和汉方与她在酒店又见面了。作为今日头条的文化顾问，我建议她开通一个头条号，作为她个人向外界推介与沟通的资讯平台。听完我的介绍，她特别激动，说抖音把洪崖洞“抖”火了，自媒体太厉害了，她要拥抱互联网，不仅要成为大V，还要当网红，“双平、汉方，我的两个好兄弟，大姐还要再干30年！”

66岁的大姐还要当网红？还要再干30年？这内心是何等年轻时尚！何等激情似火！何等让人羡慕敬佩！

听完何大姐的豪言壮语，我立马让她与今日头条内容运营总监孙毅通了电话，孙毅对她开通头条号很欢迎。她的今日头条账号“何永智”迅速开通了，并亲自发图文，拍短视频，后来还玩起现在特别潮流的直播。头条账号开通没多久，她很快就成为了深受网友欢迎的头条大V，今日头条上的网友都亲切地称赞她为“网红奶奶”。

“网红奶奶”的粉丝很多，特别是年轻粉丝多。我陪同她参加过一次今日头条的“海绵演讲”，现场观众全是年轻人。她是那次活动中年龄最大却是最受观众欢迎的演讲嘉宾，期间多次赢得雷鸣般掌声。事后她告诉我，通过这次演讲，她的头条号就涨粉过万了。

近一段时间，我发现她更迷互联网了，满脑子都是互联网思维。前不久我们见面时，她说正研究线上五年工作规划，希望通过努力让粉丝过百万，“我还要直播带货，为川渝老百姓的农副产品带货，为国家的脱贫攻坚做贡献！”

看着眼前这位可亲可敬的大姐，听着她爽朗悦耳的笑声，我心潮起伏，寻找着许多问题的答案……为什么她总是激情永恒？因为她热爱生活。为什么她总是魅力无限？因为她创新不断。为什么她总是热力四射，因为她与时俱进。为什么她永不衰老？因为她毕生追梦！

本山传媒艺术总监，今日头条文化顾问　刘双平

2020 年 12 月 3 日

自序：我打造的三张“重庆名片”

2018年，是中国改革开放40周年，我获得“改革开放40周年十大功勋人物”称号；2020年，我又获联合国颁发的“世界和平功勋人物”荣誉。

为什么我能获得这些奖项？我想，大概是因为我一生都在为重庆打造三张“名片”。这三张“名片”，是我作为地地道道出生渝中半岛的重庆人的热爱和担当。

第一张“名片”是美景洪崖洞。无论是重庆人还是外地人，到了重庆必去的一个地方就是洪崖洞民俗风貌区。总建筑面积达6万多平方米的洪崖洞现已成为全国最大吊脚楼群，融一态、三绝、四街、八景为一体，集旅游观光、商务休闲和城市人文于一体的城市文旅综合体。

在这里，能品味最具巴渝建筑特色的“吊脚楼群”文化，赏两江汇流的磅礴之势；品天下的特色美食，还能玩转不夜风情……历史与现代的对话，铸就了重庆这张亮丽的城市名片。

第二张“名片”是美食小天鹅。小天鹅火锅自创办以来，一直扮演着重庆火锅领头羊的角色，不管是火锅口味以及吃法上的创新，还是吃火锅环境上的创意，都让重庆火锅乃至全国火锅纷纷效仿。小天鹅火锅的最大功劳，就是将重庆“下里巴人”的“街边小吃”登上了大雅之堂，成为如今的“阳春白雪”。不仅如此，小天鹅还创造了多项“第一”。

第三张城市名片是美女何永智。很多人称我是重庆美女的代表。

我想就是因为在媒体眼中，我创造了一个女青年自强不息的创业传奇。重庆女子漂亮、热辣、开朗、敢拼的特点在我身上都体现得淋漓尽致。年轻的时候我被顾客们和媒体称呼为“美女老板娘”，现在年龄大了，我只能自嘲是“资深重庆美女”了。

一直以来，很多人都说我的人生非常传奇。其实每个人都在谱写自己的“传奇”，我只不过是梦想比别人多一些，经历的沟沟坎坎也多一些。近四十年的创业经历，有成功，但也有失败。小天鹅多次生死历劫，我修建洪崖洞更是被央视《财富故事会》称为“悬崖边上的女人”；手脚多次受伤，经历过10次大手术；2013年起，我又先后经历“北漂”“贵漂”，创办了“三美·渝美人”；一场意外的大病又让我开始了新的事业……每当回想起往昔艰苦创业的酸甜苦辣，我总是感慨万千。

人的一生之所以精彩，之所以让人充满期待，就在于不断经历成功、失败，不断追求自己喜欢做的事情，把自己喜欢的事情做到极致……《商界》的一名记者采访我后曾这样写道：“有的人，上帝给了他一切，唯独没给翅膀；有的人，上帝什么也没给他，唯独给了梦想。何永智属于后者。”我很喜欢这段话，我认为，这是对我最恰如其分的描述。

《洪崖洞背后》这本书，是根据我第一本书《生命必须更精彩》而提炼的。在书中，我真诚地讲述了自己的故事、我的奋斗人生——有我小时候生活的艰辛，有初创时期的艰难，也有成功后的喜悦和家庭生活的温馨甜蜜；有我遇到挫折时的焦虑和痛苦，也有我突破自我后的激动和欣慰……这一件件事，让我的人生变得多姿多彩起来。

这本书与其说是一部自传，不如说是我的人生写意……

何永智

2020年10月

“轧断了（洪崖洞附近的）桥，又轧断了街”的洪崖洞

引子：洪崖洞火了！

“洪崖洞火得简直吓人。”这话一点不夸张。2018年，洪崖洞在经历几年的蛰伏之后，突然在抖音上爆火。很多人都认为是我通过抖音把洪崖洞运作火了。但其实真的不是，是洪崖洞独特的美终于被发现了。

那时的盛况按照我们重庆人的说法是“轧断了（洪崖洞附近的）桥，又轧断了街”。因为涌入洪崖洞的游客太多了，于是桥就轧断了，所以就不允许车通过了。有网友说：“五一的洪崖洞完美诠释了‘交通基本靠走，通信基本靠吼’的状态。”

重庆市政府都“吓”住了。他们说：“没想到四面八方的人全来了。为什么会有这么大的人流呀？”出于安全考虑，市政不仅采取了限流措施，还专门派出警力维持交通秩序和游客安全。

讲实话，洪崖洞这么火，我真的没有想到。现在这个新媒体真是厉害得不得了！

洪崖洞的火爆还带动了周边产业发展。洪崖洞周边的火锅店从中午开始就火爆起来，中午12点洪崖洞的火锅店已经开始排队，这与平时中午1点钟左右才开始排队相比，差不多提前了一个小时。有的游客上午11点就去店里拿号排队，到傍晚6点钟左右才吃到火锅。还有的火锅店甚至创造了等位921桌的历史记录。为了应对火爆的游客，毛肚、黑豆腐、鸭肠、酥肉等游客点得比较多的特色产品备货量也较平时多了近一倍，这也让周边的店铺乐开了花。

为什么洪崖洞能具有这么大的吸引力？

我认为，最核心的是洪崖洞体现的是巴渝人文艺术的传承，“悬崖上的吊脚楼，记忆中的老重庆”，是洪崖洞鲜明的个性。走进这个有 13 层高的吊脚楼群里，仿佛穿越了时光隧道，走进了山城的历史。洪崖洞里都是古建筑、古民居、古设施，很好地保护了历史遗迹，包括江隘炮台、洪崖闭门、洪崖滴翠、镇江古寺、东川书院、纸盐码头、明代城墙、张培爵纪念碑等等，再现了老重庆的江边码头街、天成巷街、纸盐河街……漫步其间，一处处老城墙、小青瓦、石板路、木雕门窗，和解放碑时尚繁华的街区相比，完全是两个世界……

当然，洪崖洞的独特魅力，还在于它有很多奇特的地方：神似《千与千寻》天空之城的魔幻夜景；“汽车在屋顶上跑”的建筑奇观；得往地下“钻”的四星级宾馆……

2019 年，洪崖洞接待游客超过 1800 万人次，一跃成为仅次于故宫（2019 年客流量为 1900 万）的超级“网红”景点，长期霸占热搜榜。“没来过洪崖洞，你就不算到过重庆。”现在在解放碑问路的游客都不问解放碑在哪儿，十有八九是问洪崖洞怎么走。如今的洪崖洞已经成为重庆头号打卡景点、城市第一名片。

然而，当很多人听到设计和建造洪崖洞的是一家民营企业，且老板还是一位做火锅起家的女人时，往往异常惊讶。的确，美轮美奂的洪崖洞，其实是一项难度极大的工程，倾注了我毕生的精力，20 年来为此经历的艰难险阻、酸甜苦辣只有我自己知道。

在接下来的内容，我将为您讲述洪崖洞背后鲜为人知的故事。

壹

悬崖边上的“舞蹈”

“不去洪崖洞，就不算到过重庆”，洪崖洞已成为重庆的第一城市地标。

可是谁又知道，洪崖洞也是我过往生命中经历的最大一次挑战。洪崖洞从出生到成长，一路走来，全都是折腾，反对、困难、挑战、压力无处不在，劝我放弃的声音也一直没有停止过，但我都咬牙坚持了下来。设计施工期，你们会看见一个坐着轮椅的女人，忍着病痛，顶着烈日，走遍了洪崖洞的每一个角落，寻找设计灵感，监看施工质量，督促建设进度……好不容易达标投入运营，又因为连年亏损，让我的经济依托——小天鹅火锅游走于悬崖峭壁的边缘，差点摔了个粉身碎骨……

一、即使是个“烫手山芋”，我也要接过来

1. 洪崖洞前传

洪崖洞，但凡是老重庆人对它都很熟悉，因为它就是巴渝风情的代表和缩影。

据重庆考古文献《洪崖洞的前世今生》介绍，洪崖洞民俗风貌区至今已有 2300 多年的历史，可谓饱经沧桑。

洪崖洞老照片

明初的重庆城有十七道门，九开八闭，洪崖门是八闭中的一个闭门。洪崖门虽说是门，但没有门的样子，只是个城楼，既不能进也不能出，纯粹用于军事。洪崖门被修建在悬崖上，面临嘉陵江。洪崖门下的悬崖上有个洞就叫洪崖洞。

明末清初时，人们在悬崖上开出一条路，将城内城外连接起来。慢慢地，洪崖洞下形成码头，两侧悬崖上建起了一排排的吊脚楼。吊脚楼层层叠叠，错落有致，形成了重庆一道独特的风景。

清末民初，战乱频发，洪崖洞日渐毁弃，成为乞丐王国的大本营。那时，重庆已是长江上游的大码头，西南物资交流的集散地，人口剧增，市政建设却未见起色。而洪崖洞由于临江，且地势低洼，上半城的下水道均被汇聚到此处，导致它不仅不再“滴翠”，还成了裹着污秽之物的下水道的总泻口，常年臭气熏天，连巡夜的更夫也不愿路过这个死角。

一帮无家可归的乞丐趁机钻进天生的洪崖洞，作为群居的处所，他们乞讨的地盘大致为上自临江门，下迄千厮门一带的城内外街巷。

传说中有一个丐帮的头头姓马，人称“马三爷”，是个恶丐，也就是胡搅蛮缠的乞丐。有一次，马三爷去大阳沟菜市场讨肉，与屠户发生口角，他操起屠刀自砍自头，刀陷额上，血流如注，一声不哼，也不倒地耍赖。菜市场的屠户哪里见过这种章法？全都惊得呆了。马三爷毁了屠户的秤杆，抢一块十来斤重的猪肉压在刀上，扬长而去。

隔三岔五，但凡口中无味，马三爷就要来讨肉吃，肉贩谁敢阻他？迫不得已，由管理主持屠宰业的屠帮公会出面讲和，规定菜市场全体屠户轮流月供马三爷鲜肉若干，马三爷因而声名大振，晋升城内数一数二的乞丐头，以洪崖洞为据点，广纳徒众，依附袍哥、保甲长，成为当地一霸。

1929 年重庆建市，在第一任市长潘文华市长任内，千厮门外蔡家湾一带突发一场大火，烧毁千家，老城墙高不可越，因此烧死的人不少。洪崖洞也不幸遭灾，大火封洞，乞丐死伤众多。

后来抗战爆发，外省来人很多，各种新乞丐也增多，钻进洪崖洞居住。日本飞机轰炸重庆，洪崖洞洞口坍塌，只能以砖柱撑持。

新中国成立后，也曾有人奔走呼号，提议修复“洪崖滴翠”等景观，为山城增色。无奈那时“阶级斗争”正盛，无人关心此事。

经过几千年的栉风沐雨，洪崖洞变得残破不堪。生活在里面的人们住在搭建在悬崖阴影里的简陋的棚屋里，即便发生洪灾，江水漫上了老码头的台阶，他们也只是悄悄然迁到高处暂避一时，洪水一退又搬入老巢，照样过日子。

2. 就是喜欢，就是任性，我一定要竞标

1997 年 3 月，重庆成为直辖市。主城加速旧城改造，在高楼林立中，洪崖洞更显得老态龙钟。2001 年，市政府决定把洪崖洞拆掉重建，并将洪崖洞的重建列为“重庆八大民心工程”。

但对于洪崖洞到底怎么修，政府也还没有确定，唯一确定的是一定要修成能体现巴渝文化风情的吊脚楼。为了洪崖洞的重建，市政府开始公开招标。竞标企业有十一家，全都是做房地产的。

偶然得知这个消息的我异常兴奋，激动不已，冒着酷暑，拉着我爱人长光去实地勘察。站在洪崖洞的悬崖边上，我脑海中不停地勾画洪崖洞的未来景观。

“我要参加竞标！”我暗暗地想。

我对巴渝文化和吊脚楼的喜爱，自小有之。所以在 1998 年，我开了一家巴渝食府。这个餐厅在装修上完全体现了我对吊脚楼的喜爱。餐厅有浮雕和石雕，石雕上刻着吊脚楼的故事、重庆火锅的故事，一进餐厅，四处洋溢着巴渝风情。在我的心中，它是最能体现重庆人文特点的餐厅。

可是，勘察那天离招标截止时间只剩下三个月了。我把竞标洪崖洞的想法告诉了长光，他连着摇头，毫不犹豫地否决了。

“我想做这个项目！”我很坚决，就像他当初想做宾馆一样坚决。

长光苦口婆心地为我解释不能做的原因。但我听不进去，我在心里认定了这个项目。当我们无法达成共识的时候，我们再一次召开董事会。在会议上，经过一番激烈的争辩后，对于我的提议，7

个董事有5个表示反对，而这5个人中，就有长光。

这是我早就预料到的结果，所以我并不惊讶。我知道，他们是考虑了方方面面才这样决定的，但我决不妥协。

我坚定地说：“我就是喜欢，我就是任性，我一定要竞标！即使它是个烫手山芋，我也要把它接过来！”

之所以这么坚定，是因为这个项目属于文化产业，我的胸中一直潜藏着一个打造巴渝文化王国的梦想，它就像一头沉睡的雄狮，现在已经被唤醒了！把巴渝文化注入环境中，把我梦想中富有重庆文化底蕴的美好生活完美地呈现给我的顾客，给人们创造出在巴渝文化氛围下贯穿吃、住、购、游、休等各种美好生活享受的一站式服务，那将是多么了不起的事情！难得的机会终于来了，我怎么能轻易让它溜走？

我虽然没读过多少书，但一直以来喜欢和文化人打交道，更喜欢历史和各种文化遗产。我是一个浪漫而感性的人，我喜欢不同文化氛围带来的视觉与情绪冲击。我不仅钟情于生于斯长于斯的巴渝的建筑风格和人文景观，而且也痴迷于各种异国风情、民族风情。

在20世纪80年代，我的火锅店充满异国风情、民族风情，我还请来重庆有名的故事大王，把我想要表达的火锅故事，用方言讲了出来，甚至编成了20本连环画册。为何我会在文化方面投入这么多的心血？就是因为我对巴渝文化的热爱。

所以，我觉得，即使不赚钱，甚至亏了，我也要去试一下，因为洪崖洞不是简单的金钱投资，它是在传承巴渝文化。这个传承的过程，我一定要参加。

当然，我也理解5个董事反对的原因。首先是因为我们小天鹅没有做过房地产，以前涉足的万州批发市场算是触及了房地产业，但是并没有成功；其次是因为政府招标的那块地用途不明，那就是一个悬崖，一块崖能做什么？而且政府明确规定这块地必须用于商业。一些做房地产的企业都不敢做洪崖洞，小天鹅敢做吗？

也许是无知者无畏，不懂房地产、不懂建筑的我，反而没有做房地产人的那些顾虑。更重要的是，我对巴渝文化和吊脚楼的热爱早已内化为我的一种使命：复制传承它们，完美再现它们！

最终，在我饱含热泪，把对洪崖洞、吊脚楼的感情讲给所有董事听时，坚决反对的董事们沉默了，最后选择支持我。尤其是长光，得知我是因为有着巴渝情结、吊脚楼情结而坚持时，选择了相信我，支持我。这，就是爱的力量！

3. “火锅皇后”轰动地产界

小天鹅要参加竞标了！这个消息不胫而走。

在我们小天鹅集团，除了我对这个项目有势在必得的信心外，其他人并不是很热心，一方面是因为他们觉得洪崖洞是个“烫手山芋”，还有一个原因就是，除小天鹅之外的其他十一家竞标企业都来自房地产行业，人家才是真正的“科班”出身。

重修洪崖洞，必须修建带有巴渝风情的吊脚楼，而且必须用于经商。就这几个条件，已经让很多商家退缩了，再加上招标的时候必须先交三百万保证金。这样下来，十一家竞标单位，又走了九家。最后，竞标单位变成了三家，除了我们小天鹅外，留下的还有两家在当时都是重庆有名的房产商。而在我们这三家中，一家跟踪这个项目已经有一年的时间，另一家也跟踪了好几个月，只有小天鹅才刚刚开始。

参加竞标必须写标书。我这个做火锅起家的老板，和两家重庆赫赫有名的房产商竞标房地产项目，乍一听谁都觉得我处于劣势。但我依然信心满满，因为洪崖洞和吊脚楼在我心里扎了根，我只是把早已在心里扎了根的东西拿出来而已，有什么难的？

不管我是多么信心满满，了解情况的人都不相信我能拿下这个项目，包括我们小天鹅的高层。别人越不看好的，我越要做出成绩来！这就是我一贯的性格，从未改变。

自从有了这个竞标计划，洪崖洞便成了我常去的地方。站在悬崖下，看着上面那些破败陈旧，但沉淀着重庆历史的吊脚楼，我总是心潮澎湃。即便在40多度的高温下，我也痴痴地看着，火辣辣的太阳照在我的身上、脸上，而我竟丝毫感觉不出热来，经常一站就是三四个小时。表面平静的我，内心在风起云涌。我的眼前，不停幻化出明清时的洪崖洞，中华人民共和国成立前那些重重叠叠的吊脚楼……

“我一定要建好洪崖洞！”我在心里默默地发誓。

竞标的另两家公司早已把标书递上去了，而我们的标书还八字没一撇。有人提议我花5万元请人写，我拒绝了。花钱找人写的标书，能是自己真实构想的再现吗？不，我要自己写！我的决定一出，又把周围人吓了一跳，因为我从没写过标书。没写过，写一次不就会写了吗？我不管别人怎么看，马上和我的秘书、总裁办主任组成了写标书三人组。我来说，他们来写。

我在说的时候，头脑中不断闪现出青石板、古门仓、小青瓦组成的山城步道，还有那重重叠叠的吊脚楼、重庆地方小吃、重庆火锅，等等。那时候，童年的记忆像放电影般一幕幕地浮现在我的眼前。

经过三个人的合作，我们总算很好地表达出了对巴渝文化的理解，标书整整写了厚厚一沓。为了让专家们更了解我想要表达的主题，我还特别写了开卷语。“洪崖洞不仅仅是房地产开发，房地产开发只占三分之一，巴渝文化的挖掘和再现又要占三分之一，商业业态的经营管理还要占它三分之一。”我把洪崖洞分成了三个三分之一，房地产开发我不懂我不会，但是我熟悉巴渝文化的挖掘和再现、对商业业态的经营管理，我把我自己变成了三分之二。专家认为我的标书和开卷语太精彩了，他们认为洪崖洞的确不能按照常规房地产来定。

当时洪区长对我们说，他看了我们的规划后，觉得只有我们的想法和政府的想法最贴近，是在给重庆市树立名片。

结果出来了，我们的标书在评审中得了 94 分，剩下两家企业分别是 88 分和 79 分。从没写过标书的我却把其他两家企业远远抛在了后面，竞标成功！

魂牵梦绕的洪崖洞工程终于到了自己的手里，我激动得好几个晚上都睡不着觉，而重庆媒体也把目光投到了洪崖洞。“世纪见证洪崖洞”“小天鹅中标了”“洪崖洞花落小天鹅”，随着媒体的纷纷报道，一时间，重庆房地产业炸开了锅。一个做火锅的竟然要涉足这种高难度的商业房地产，她行吗？她有什么优势做洪崖洞？洪崖洞是她想做就能做的吗？质疑声纷至沓来。

面对置疑，我爽朗地一笑，谁说创造火锅传奇的“火锅皇后”就不能创造洪崖洞传奇？

然而，“标”是拿下了，可看着洪崖洞，小天鹅所有的人都发了愁，特别是长光，整日忧心忡忡。

二、悬崖上建“吊脚楼”

1. 一波三折的设计方案

洪崖洞花落小天鹅，让我又喜又愁。喜的是能从强大的房地产竞争对手中脱颖而出；愁的是没有搞过房地产、建筑的我们，不知该如何入手。

不管修建什么建筑，最重要的就是设计。我请到了四川美术学院和重庆建筑大学的四名老师，再加上没有做过建筑设计的我，组成了五人的设计团队。

为了做好设计，我带着设计师们跑遍中国各地，看了中国所有的古建筑，如周庄、丽江等，我们甚至还跑到了日本，看他们的古建筑。那段时间，我天天沉浸在一种感性思维中，脑海里不停地呈现出体现重庆古建筑特点的小青瓦大白楼：重重叠叠的房子，房子旁边有很多梯坎，很多弯弯曲曲的吊脚楼，晚上的街道里有更夫来打更。“棒！”敲一下是一点钟；“棒！棒！”是两点钟；“棒！棒！棒！”是三点钟……这就是我想象中的洪崖洞，脑海中的洪崖洞。

经过我们整个团队的不懈努力，整个设计做完了，花了135万元。面对设计，我心里却忐忑起来，不敢下决心动工修建。

2002年上半年，我去深圳参加一个论坛，认识了主持人徐浩然。我和徐浩然一见如故，聊起了我要修建的洪崖洞，还说想找个专家看看我们的设计和效果图。徐浩然热情地给我介绍了广州奥园的总

洪崖洞奠基仪式

经理方志华。

从深圳回到重庆后不久，方总就为此事专程来了趟重庆。我兴高采烈地把我们的设计和效果图拿给他看，他看完慢条斯理地说：“何总，我给你泼瓢冷水！”

我一怔：“什么？冷水？”

他很认真地说：“你这个项目不能修，修了只有一条路，这条路就是死路！”

说完，他解释了原因：“第一，你们所用的是传统木头，重庆作为经常下酸雨的地区，普通的木头肯定无法支撑一百年，而且江边有很多白蚂蚁；第二，你们所修的吊脚楼根据标书，建筑面积才修三万两千平方米，使用面积只有一万多平方米。这样怎么可以支撑你们近一亿的投资？再说了，因为复制原始的做法，交通和结构都是问题，就是修好也卖不出去。以你现在的设计，这个项目非死不可。”

我惊得脸色苍白，虽然我对我们设计的洪崖洞还有不满意的地方，但也不至于像他说的这么差劲。说实话，我们的设计大多采用了怀旧、复古手法，基本是根据我们团队想象中的原貌修的。当时的柱距柱网只有 6 米 ×6 米，而且都是用木头来做。按照我们刚开始的预算，投资不到一个亿，而且这一个亿还是根据政府给我们的规划投资的。根据当时的情况，一亿投资对我们来说压力不大，我也不想因为这个项目而影响小天鹅的其他项目。

听了方总的解释，我的头直冒冷汗，如果这个洪崖洞项目失败了，那小天鹅也就倒了。因为这是我顶住各方压力，坚持要做的项目，如果失败，我不仅不能向小天鹅的董事们交代，也不能向长光和我自己交代，更无法向重庆市政府交代。市政府把这么大的项目交给我，结果却被我搞砸了……我不敢往后想。

“如果是死路一条的话，那我重新设计！把我们原先的设计全部推翻！”我的倔劲一下子又迸发了出来。

说行动就行动，我不仅决定重新设计，而且还决定突破 3.2 万平方米。原来的设计方案全部作废，我们重新踏上了设计之路。我的这个做法让设计师们苦不堪言，他们跟着我辛辛苦苦、没日没夜做了那么多，说毁掉就毁掉了。

一个设计师眼泪都快出来了，说：“我看不到未来的路，我不知道还要设计多少遍才能成功。”

他知道，一些专业房地产公司不愿意做，就是因为它的难度大，洪崖洞的吊脚楼那里原来就是个大滑坡。我深知，做洪崖洞只有两种结果，一种是流芳百世，另一种就是死路一条。而洪崖洞的死就是小天鹅的死，因为洪崖洞还没有生出来。

当一个人面对生死的时候，必须放手一搏。我计划调整规划方案，将一部分建平沧白路。但当时洪崖洞悬崖的石缝里长了几棵很漂亮的黄果树，政府一直没有允许我们修平沧白路。我一遍一遍往政府跑，给政府诉说，那种锲而不舍的精神与真诚终于打动了政府。他们终于同意把原来 3.2 万平方米改为 5 万平方米，有一些电梯终于可以到达沧白路了。

就在我们投入几百万打好了地基的时候，麻烦又来了！

政府让我们的洪崖洞工程马上停工，说为了配合重庆市城市整体规划（江北嘴成了重庆市的 CBD 金融中心），洪崖洞必须向后退 42 米，那里要建一座千厮门大桥。

花了 200 多万的设计图，又要泡汤了，这再次将我推向了痛苦的边缘。

大雨滂沱，当晚回到家，我一下子瘫坐在沙发上，眼泪不由自主地流了下来。长光不停安慰道：“不要哭了，哭解决不了问题。”

是的，我需要的是解决问题，而不是哭。政府也意识到我们的难处，对我说：“这个项目很难，如果你实在做不下来，政府可以补给你 5000 万，你可以退出。”还有一个房地产老板，甚至开出 8000 万的价码让我转让。

如果我们小天鹅中了标却修不起来，别人怎么看我们的企业？我拒绝了他们的好心。既然已经骑虎难下，那就奋起抗争。我输不起，我们小天鹅这个品牌更输不起。那时的小天鹅已经风生水起，是重庆私营企业前十强，在全国有很高的知名度。

收拾好心情，带着必胜的信念，我又开始重新构思。

因为配合重庆市的城市总体规划，洪崖洞两年没有进展，社会舆论铺天盖地而来。“近两年没动，刚动工又停下来，小天鹅怎么回事？”“是没钱修了吧！一个开火锅店的，做什么洪崖洞？”“没那个金刚钻，别揽那个瓷器活”……很多人开始质疑、猜测，风凉话也是席卷而来。

我们不能跟他们去解释，我们只能去承受。

福无双至，祸不单行，因为洪崖洞的停工，让很多人误以为我们小天鹅造了烂尾工程，小天鹅也陷入了煎熬中，公司董事会的压力袭来，建议我把洪崖洞转让出去。

我丝毫没有动摇，既然接下了这个工程，上了这条船，就不能轻易下船，我不能砸我千辛万苦创下的“小天鹅”这个品牌。洪崖洞是我的梦想，而且已经花了这么多钱，我不能让它停下来。我在心里暗下决心：“不行，这件事一定要做，而且一定要做好。”

我决定设计第三套方案。经过两轮设计，我几乎从外行变成了内行，我发现头脑中有了三维立体感。通过一番考察和思考，我有了新的思路，把洪崖洞修平沧白路，并在路边构建城市阳台。于是我向政府提出了两条要求：一方面要求增加建筑高度，平齐上面的沧白路；另一方面还要在规划上增加城市阳台和天街。

就在我踌躇满志，想再次奋勇作战时，设计团队却出现了变故，我最依赖的一位设计师打算退出。他跟我合作了十几年，小天鹅宾馆、巴渝食府、南方花园等项目的设计都是出自他的手笔。洪崖洞不断出现新情况，设计稿几番被推倒重来，让他失去了信心。况且，中国的古建筑从来没有高于五层楼，从来没有在四层顶上修过一条街，我却执意要这么做。这种不可思议之举，他或许无法理解，也不敢去承担由此所带来的后果。

“你的设计我做不了了，你还是另请高明吧！”抛下这句话，设计师走了。

他的顾虑我非常理解，若不是为了维护小天鹅的声誉，也许我也早就作罢。洪崖洞项目，他已和我一起设计了两年，对那里地形、地貌的复杂程度已经有了深刻了解。他的离开，让我成了孤家寡人，我该找谁来设计？难道我自己吗？

没过多久，我计划在四层顶上修一条天街的想法也落空了，没有赢得规划局的同意，因为这是以前的古建筑从来没有过的。我不知道该怎么说服规划局，也不知道如果不这么做，还有什么更绝妙的思路。

我又陷入了茫然之中。

2. 把会议室“搬到”病房

操刀洪崖洞这么宏大的作品，对一些专家来说都不是易事，更何况是我。但好强的我凭着对巴渝文化的热爱，以及强大的责任心，即便成了孤家寡人都没有想过放弃。要么流芳百世，要么就是遗臭万年，我很清醒地知道，洪崖洞对我来说是生死关，我只能走一条路，那就是勇往直前。

我不再完全依赖专家，决定为洪崖洞倾注企业的全部人力、财力和物力，背水一战。爱笑的我把眼泪收了起来，决意再去考察大江南北，再去周游“列国”，纳中国古建筑之大成，尤其是巴渝文化之精华，然后融入自己的想法和感觉来设计。

上帝给你关上一扇门的同时，一定会给你打开一扇窗，这是至理名言。就在我再次陷入无助的境地时，我遇到了一个人，他叫郭选昌，以前是重庆的雕塑师，后来去了欧洲和美国，在美国成名后，又接受了重庆大学的邀请，回来当重庆大学人文艺术学院的院长。

他在国外生活时间比较长，有很多新奇想法。而我正好需要一些新鲜血液、新的思想，于是便和他聊了起来。当我告诉他我要修建洪崖洞，而且要在四层顶上修一条街时，他的眼睛亮了，很兴奋地说：“太有创意了。如果修好了，一定是个很好的作品。”

郭选昌用了“作品”两个字，让我很是兴奋，一个在设计上没人可以商量的人，终于有人对我的想法感兴趣，这让我信心倍增。当听说规划局不同意时，他提出用做模型的方法来说服。

我问他：“设计图纸都没有，怎么做模型？”

他说：“我可以用泥巴捏出个效果图来。”

这也行？到底是雕塑家，绝了，我欣然同意。于是，我来描述，他来捏，在我们的不断沟通中，郭选昌终于用泥巴捏出了一个1.2米的沙盘。

有了效果图还只是第一步，如果没有过硬的技术，没有一定资质的建筑设计师，规划局还是不会同意我们这么修。这时候，郭选昌又向我推荐了一位老师，是他们学院教设计的李向北，也是深圳华筑的总经理。我一听，马上把他请了过来。

李向北当时并不知道是什么事，糊里糊涂地来了。听我们描述完心中的洪崖洞，看了看用泥巴捏的效果图，他也开始有了兴趣。于是，我们以深圳华筑的名义，抬着郭选昌捏的雕塑模型去了规划局，不专业的样子着实有些滑稽。

我们一边用模型做具体展示，一边用语言描述我们的构思和想法。终于，规划局同意了，他们看我想法那么多，就放了我一马，看看我到底能修成什么模样。

过了规划局这一关，我们重新开始组建设计团队。经过了前两次设计，我俨然成了一名成熟的设计师，在我们这个新的设计团队里，我做起了指挥官。

我们用了 2002 年一整年的时间来做设计，2003 年才开始全面动工。真正动起工来也很快，曾经有着七天修一层楼的速度。两年后，房子的框架全部建好，但问题又来了，外面要怎么装修最好？只用常规建筑方法，总觉得缺少了些内涵和新意。

这个问题天天困扰着我。

2005 年 4 月底，我带着设计团队和专家一行去了山西，寻找古镇的装饰灵感。

当我们走进乔家大院时，我突然被砖雕所吸引，在我仔细观察那些古檐飞墙时，因为倒退不慎踩空，从 30 厘米高的石梯上摔下来。由于 1994 年我曾遭遇车祸，股骨头做了三次大手术，换上了不锈钢，加上近期的高强度、高压力工作，骨质疏松严重，骨头已经萎缩。这次摔下来，我的腿再次断了，膝盖骨都冒了出来。

他们马上把我送进太原医院，医生说是膝盖骨粉碎性骨折，需要马上做手术。

我马上急了：“我不能在这儿做手术，我要回重庆。”

不是不相信太原的医院，而是想着在重庆住院不会影响我的工作。看我坚决要回重庆，医生只能用石膏暂时固定我的腿。于是，我拖着打了石膏的腿回到重庆，连家都没回直接进了外科医院。看着被再次打上三根钢针，布满厚厚石膏的腿，我着急地问医生的是："我什么时候可以下地？"我好伤心，早不断晚不断，等我建完洪崖洞，怎么断都行。

医生严肃警告我："如果想让大腿内打进的三根钢针与筋骨愈合，至少需要三个月。"

"三个月？不行，我哪里有时间躺在床上？"我内心如焚。庞大的洪崖洞工程正处在关键时期。那一年的10月，李鹏总理要来重庆参加很重要的AAPP会议，参加会议时一定会经过洪崖洞，离李鹏总理来重庆还有五个月，可洪崖洞的外立面到底要用什么材料来做还没定下来。

"没时间也要在床上待着！"医生的话很是坚决。

由于打了麻药完全不能动弹，我只能静静躺在病床上。突然，我的眼前开始浮现洪崖洞的一砖一瓦，我开心地笑了起来，他们都觉得我有毛病。

自从接下洪崖洞，我承受了很大的压力，精神紧绷，没有办法静下来。老天爷知道我该静下来，而让我能静下来的最好办法就是断腿。

断腿之前，我每天早上九点去工地，一直干到晚上近十点。这一天里，我的休息、办公都是在车上进行的。而我的车也一直停在工地旁边，随时做我的休息室和办公室。有一天，我在工地穿来穿去，一根钉子把我的脚戳穿了，我都没有感觉到痛，如果不是看到血从鞋子里渗出来，我甚至都察觉不了。

很多人担心我："何总，你赶紧去打破伤风。"

打什么破伤风，贴了几次创可贴，居然没过几天就好了。不要说是脚被戳破，就是我们企业体检时发现我的心脏出了问题，我也

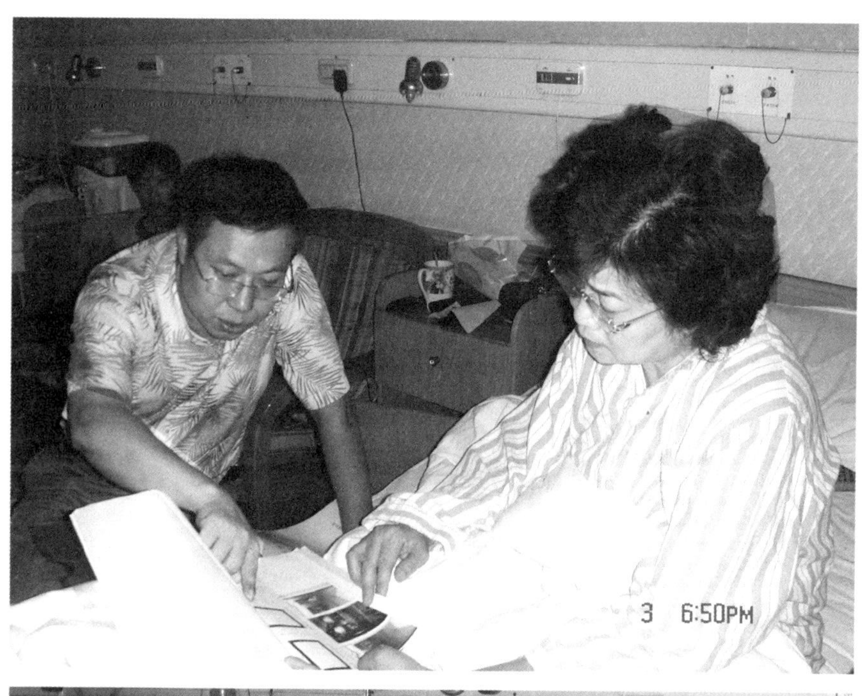

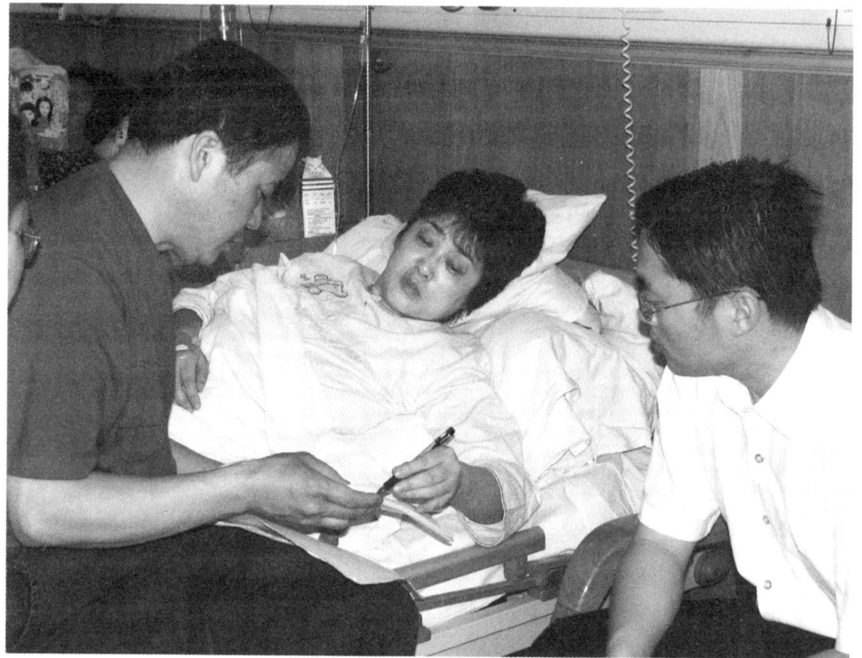

病床上召开了一拨又一拨的会议

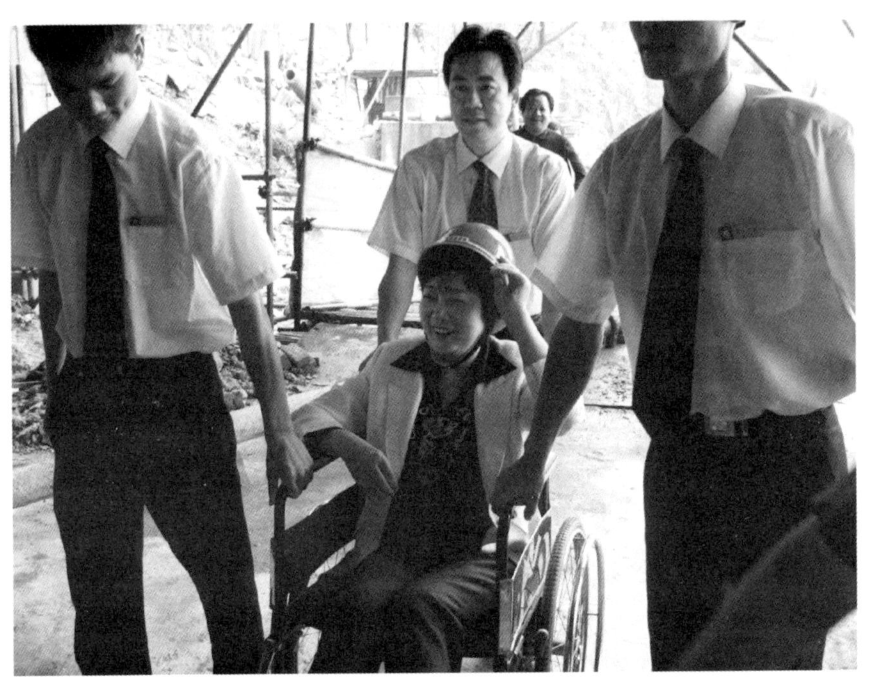

受伤期间，坐着轮椅指挥洪崖洞的修建工作

没心思去做详细的检查和治疗（我知道我妈妈就是因为心脏病去世的）。在压力面前，我一直静不下来。

现在住院了，一切都静了下来，我可以静心思考问题了。

慢慢地，洪崖洞的整体形象清晰地出现在了我的脑海里。我喃喃道："这难道不是老天恩赐，让我躺着静静琢磨洪崖洞的每个细节吗？过去每天忙忙碌碌，没有时间静下心来想细节，现在有时间了，不是可以让每块砖、每根木头都做得更完美吗？"

我急忙让秘书把图纸、手机和笔拿过来，想到什么就修改什么。修改好后又打电话把负责这一细节的同事叫过来讨论。就这样，病房成了"洪崖洞工程会议室"。我在病床上，召开着一拨又一拨的会议。有时候一天能开七八次会，病房的墙上也都贴着各种图纸。

医生看我这样忙碌，提出了抗议，说我需要的是休息，不是工作。我冲医生抱歉地笑笑，继续工作。洪崖洞修好后，我盘点了一下，亲自修改的图纸竟然有一万多张……

就是在病房养腿的那段时间，我攻克了长久以来萦绕在心头的一个技术难题——吊脚楼外立面的木头腐烂问题。

在乔家大院里，我看到了石头做的花鸟鱼虫、人人马马。这漂亮的建筑风格，给我留下了深刻的印象。我想：“既然乔家大院可以用水泥做出花鸟鱼虫，我为什么不能用水泥做出一根根‘木材’，用它们来建起吊脚楼呢？”

经过咨询一番专家后，我决定用一种外观像木头的复合材料代替木头，以保证吊脚楼在一百年内不会腐烂。

至今想来，我仍然在内心里对那段病床上的日子表示感谢。老子说：“祸兮福之所倚，福兮祸之所伏。”也就是说，好事与坏事在一定条件下是可以转化的。失意时，不必过于悲伤，要有乐观主义精神，要通过调节自己的情绪，保持富有激情的创业状态。唯其如此，才能熬过困境，走向成功。

3. 轮椅上的总指挥

从 2001 年中标到 2002 年设计，2003 年开工，洪崖洞成了我生命中的唯一。不管是断腿住院，还是出院后坐着轮椅，我都没放弃过工作，工作强度也丝毫不亚于我受伤前。

从医院出来后，我坐上了轮椅，即使是在炎热的夏天，我依然每天坚持去工地。不仅在下面看，还要上去仔细看，仔细摸。没有亲眼看到，亲手感知到，我不放心。

由于那时候还没完全修建好，所以洪崖洞还是个工地，杂乱地堆放着钢筋混凝土、碎石瓦片。为了能到上面去看，坐着轮椅的我只能让四个保安抬着上去，看到不满意或需要修改的，我会马上提出来让他们现场修改。

天晴要去，下雨打着伞也要去。很多人问我："何总，您的腿都断了，您就待在家里吧。您有上亿资产，何必每天坐着轮椅被人抬上抬下地去工作？"

"修洪崖洞，抬何总，把我们的脖子都抬粗了。"保安开玩笑说。

我笑笑说："即使坐着轮椅拄着双拐，我也要坐出、拄出风度和气质，既然上天给了我一个洪崖洞，哪怕我的腿摔断，都是它赋予我的传奇。"正因为有这样的想法，我才会如此全身心地投入到洪崖洞的修建中，尽量做到完美。

我坐着轮椅继续工作的精神，激励着我的企业，我的员工。我们都在心里发狠："洪崖洞非成功不可，即使有再大的困难，我们也要锲而不舍，不成功誓不罢休。"

我为洪崖洞付出了很多，也倾注了很多心血。洪崖洞哪里有仓库、哪里有开关，我都清清楚楚。坐在轮椅上，我无数次走遍了洪崖洞的角角落落。很多人说，想要把洪崖洞修建成既蕴含着重庆文化古韵，又体现着重庆现代时尚的完美载体，实属不易。可我做到了，虽然是顶着压力、坐着轮椅、拄着拐杖做到的，甚至可以说是在不断争议中做到的，但我毕竟是做到了，了却了我一直以来的巴渝文化梦……

洪崖洞的修建成功，让我更加坚信这样一个朴素的道理：一件事情的成功与否，不在于事前别人的认可与否，而在于自己是否足够坚持，自己认准了的事情，就应该克服一切困难，义无反顾地去做。事情做成之前，对于反对的声音要坦然；而事情做成之后，对于掌声和鲜花则要淡然。

我很感谢自己对洪崖洞的坚持，但凡有一丁点的退缩，我都不可能实现这个巴渝文化梦。

4. 风格之争：中式，还是西式？

洪崖洞的整体风格是我一手在设计，小天鹅内部也没有人提出异议。然而，在对洪崖洞大酒店进行装饰设计时，我们内部却产生了分歧。

当时我一直强调走古建筑、体现巴渝风情路线，所以我希望洪崖洞大酒店的外形外观具有浓郁的巴渝特色，这一点大家都同意。可是在酒店内部装修上却出现了分歧。我的想法是内外一致，全都体现古色古香的巴渝特色。但长光和我们集团的酒店负责人兰鹰不这样看，他们觉得应该把内外装修区别开来，做出反差，形成鲜明对比。外部显示古建筑，内部体现现代化，最好能采用法兰西风格，他们说，国际化的东西更吸引人。

为此，兰鹰还带着长光一起去深圳进行了考察，参观了索夫特酒店。索夫特酒店是法国的品牌酒店，装修设计既洋气又大气，非常国际化。整个酒店的装修充满法式风格，继承了法国人的浪漫风情。长光和兰鹰都非常喜欢，觉得我们的洪崖洞大酒店就应该是这样的。可我虽然觉得法式风格不错，但总有种隐隐的、说不出的别扭感觉。不过，由于他们俩的意见一致，我也就勉强同意了，并把方案定了下来，内部按法兰西风格进行装饰。

从深圳回重庆后，我一直在想酒店装修的事，当他们把法式风格设计做好，准备做施工图时，我突然觉察出别扭来自哪里了。因为洪崖洞整体是充满巴渝风情的古建筑，突然来个西洋化的设计，让人有种不伦不类的感觉，影响了洪崖洞的整体风格。

“内部也用中式风格！”我拍板说。

我们的意见又分成了两派，一派是我，认为酒店从内到外都应该用中式；而另一派是长光和兰鹰，他们坚持使用西式风格。

我理解他们的想法。如果做单个酒店，我可能会支持他们这么做，外观用中式，内部用西式，但这个酒店是洪崖洞的重要组成部分，我们需要考虑的是全局，不是局部。为了说服他们，我先是做通了长光的思想工作，把我主张中式风格的原因说给他听。随即，我又找兰鹰谈心。最终，他们认可了我的想法。

于是，我们重新找设计师，一起不断磨合，做出一套又一套的样板房，一遍又一遍地调整，直到满意。从酒店这件事上就能看出，洪崖洞从整体规划到每个项目的设计，都花费了我大量心思。

2006 年，凝聚着我五年心血的洪崖洞总算全面完工，等待验收了。在我觉得应该松一口气时，却又碰了一鼻子灰，洪崖洞再次遇到了障碍……

三、“悬崖边上的女人”

1. 洪崖洞的生死关

2006年6月18日，洪崖洞历时近五年，修建完开街后准备招商。

开街并不意味着开市，洪崖洞需要通过各方验收，有了验收合格证才能进行商业活动。不过，对于验收我也是信心满满。因为洪

洪崖洞开街仪式

崖洞从设计到施工，每一步我都在参与，我相信洪崖洞的质量没有问题。因为修建洪崖洞，我是带着社会责任感来做的，各方面的要求自然十分严格。

然而，出人意料的事情还是发生了！

首先是主管城市规划的相关部门说验收不合格，当时我蒙了。施工前，我们报请了相关部门，施工过程中，我们完全按照图纸来做，怎么会有问题？在我询问后，他们随即提出了十个问题。

在我们花费了巨大的成本解决这些问题后，他们再来验收。结果还是不合格，这次又提出了五个问题。疲于奔命的我们，沮丧无比。

更坏的消息又来了，消防验收上也遇到了麻烦，主管部门从没有验收过在天街上的消防设施，因此没有人敢在合格单上签字。

我感到无奈又无助，因为如果不按照他们说的做，他们就不给我们发证，发不了证洪崖洞就只能成为建筑摆设；如果招不了商，开不了市，还要产生承诺给商户的大笔违约金。

当时，我在洪崖洞安排了一场“巴渝情缘”大型全景式歌舞表演，演员达 100 多人，而且我们的物业和管理等已经各就各位，这些人的工资我每月一分都不能少。如果不能正常开市，意味着每个月至少 100 多万的亏损。

怎么办？拿不到验收报告，修建好的洪崖洞就只能空荡荡地矗立在重庆这座山城里，成为一个“烂尾工程”。原本就投资了 3.85 亿，现在修好却成了摆设，我焦躁不安起来，如果再拖几个月，小天鹅集团将被拖入死地，后果不堪设想。那段时间，我真的感觉我和小天鹅都处在洪崖洞的悬崖边上，随时有掉下深渊的可能。

一天傍晚，重庆的酷暑异常闷热，我又不由自主地去洪崖洞“溜溜”，看着经过千辛万苦一手打造的“儿子”，心中酸甜苦辣全都涌了上来，突然悲凉地对物管公司总经理张奇说：“以后晚上把灯全部打开吧！”

我不管洪崖洞开不开市，既然修建成功，就要展示它最美的一面。我知道，打开灯光的洪崖洞，在重庆的夜空中，一定如同一颗闪耀的明珠。我也知道，打开了这些灯光，也就意味着闪烁的是人民币。

或许是我的情怀感动了上苍，这样一个举动竟然让我遇到了我一生中的贵人，因为他，洪崖洞才得以顺利开市，我和小天鹅得救了。

2. 生死攸关，贵人相助

2006 年 7 月的一天，重庆市主要领导路过嘉陵江边，看到长江边上一座灯火辉煌的吊脚楼古建筑群，便问同车的人：“这是谁开发的，看起来很漂亮很壮观，怎么没有人气？”

大家告诉他是本地企业小天鹅开发的，随即给他介绍了小天鹅及我和长光的情况。最后还说，洪崖洞已经修好了，不过因为各种原因没有开市。

市领导很是纳闷，十分重视民营企业发展的他，回去后立即了解情况。

很快，我接到电话，说市领导想见我们。

我和长光又惊又喜，惊的是居然市领导亲自接见我们，喜的是，我们知道这是洪崖洞唯一的机会了。

我和长光去了他办公室，作了两个多小时的深谈。在他的办公室，我一五一十地把情况进行了说明，说了我们修建洪崖洞时的艰辛，也说了修建好后却因为很多手续无法办理而让整个商业区陷入瘫痪，也说到了我们小天鹅面临的危机，等等。说到艰难之处，我控制不住情绪，竟然有些哽咽。

市领导认真地听着，不停点头，告别时安慰我们说：“我很欣赏你实话实说。我一定会调查清楚，如果情况属实，一定会尽快解决。”

真没有想到，7 月 19 日，我们第二次接到市领导的通知。这次没让我们去他办公室，而是他要在洪崖洞现场办公。我和长光既激动又兴奋。后来得知，市领导之所以要在洪崖洞现场办公，就是要在重庆掀起一个“执政为民、服务发展、高调挺私”的整顿活动，以支持民营经济的发展，为此他甚至还成立了专门调查组。这一次，各大媒体记者全都指向了洪崖洞，洪崖洞再次成为全重庆关注的焦点。

直到现在，我依然记得当时的情景，19 家相关职能部门到了现场，市领导先让职能部门的负责人发言。前几个发言的人不明就里，纷纷发言指责，挑我们各种毛病，好像我们用自己的血汗钱辛辛苦苦建设洪崖洞不仅没有功劳，反而给重庆添乱抹黑了一样。

市领导实在听不下去了，站在那里，大声说了一段话，第一句话是：“我今天到洪崖洞是来打‘鬼’的！打那些一切阻碍民营经济发展的大‘鬼’、小‘鬼’！”顿时语惊四座，有关洪崖洞的风向标迅速转向，异口同声地称赞小天鹅的胆魄，一扫之前对洪崖洞的种种非难与质疑。接着，他说：“洪崖洞不成功不是他们的问题，是我们政府的问题。他们两口子非常努力，没有一天到晚赌博打麻将，没有一天到晚在外面做乱七八糟的事，他们不叫一心一意，叫全心全意地投入到这个项目上来了。洪崖洞是作为一张城市名片出现的，他们已经为城市做了很大的贡献，非常努力了，我们还不支持？如果洪崖洞做不好的话，一定和政府有关。”

听市领导铿锵有力地讲完这些话，现场瞬间响起了雷鸣般的掌声。

有了市领导的支持，各种手续办起来也快了很多，即使有哪些不合格的，相关部门也会当即指出来，并指导我们改正。拖拉了很久的事，仅用了几天就解决了。

看到事情一下子柳暗花明，长光在和市领导再次对话的时候又建议说：“我们小天鹅投资的洪崖洞，仅巴渝剧院的演出投资就是几千万，把整个长江三峡的巴渝文化展示出来了，但没有一家媒体来报道我们。我们不是在做房地产生意，我们是在做重庆文化。洪崖洞也不是企业行为，是政府行为，是属于我们重庆3000万人民的，是留给重庆后代的最宝贵财富。洪崖洞为什么不能有媒体来宣传呢？”

听完长光的这番话，市领导当即说：“从明天开始，媒体用一个礼拜的时间，大力宣传我们的洪崖洞，宣传我们的重庆文化。”

就这样，媒体开始采访我们，铺天盖地的报纸，头版头条都在说我们洪崖洞。经过一通地毯式、轰炸式的新闻报道，洪崖洞变得家喻户晓。通过互联网，相关报道更是迅速传遍了世界各地。

2006年9月29日，洪崖洞正式开市，重庆市领导亲自为我们剪彩，洪崖洞很快就申报成了AAAA级景区。

重庆市委支持私营经济的举措瞬间成为坊间美谈，极大地推动了重庆民私营经济的发展。因此，我经常在心里感激党和政府的大力支持，假如没有党和政府的支持，很难想象我们的洪崖洞能进展得怎样；假如没有党和政府的支持，也不可能有民营经济的快速发展。随着企业发展，我想到更多的是感恩与回报，一切财富归于社会，我感到一种沉甸甸的社会责任感和继续拼搏前行的使命感。

由于我“坐着轮椅修洪崖洞”的事迹感染了不少人，市领导说，“我要推荐何永智当全国政协委员”，因为我家长光是全国人大代表，一家不太可能出现两个“委员”。然而，在书记全力支持下，连区政协委员都没有当过的我居然当选为全国政协委员，给了我非常高的政治荣誉。

贰

标新立异洪崖洞

真是十年磨一剑，蛰伏了10年的洪崖洞从2016年起开始爆红，络绎不绝的人群从四面八方赶来，人山人海，拥挤程度一点不亚于故宫。“为什么洪崖洞这么火？”这是现在大家问得最多的问题。其实洪崖洞的火并不是一蹴而就，更不是纯粹靠运气、靠网络炒作，这背后蕴含着我们小天鹅人无数的心血和汗水。

一、独一无二的洪崖洞

1. 最“重庆”的建筑奇观

我觉得，洪崖洞的独特魅力，就像洪崖洞外形一样，是多维立体的。

洪崖洞的地形地貌太独特了。独特到随便拿个手机一拍，大家就知道这是洪崖洞。

洪崖洞高差 79 米、地面最窄处不足 30 米，而且地处悬崖边，这在以前的建筑开发史上是很难碰到的。它以重庆明清时代的吊脚楼为原型，通过分层筑台、吊脚、错叠、临崖等山地建筑手法，将各种巴渝文化元素融合在此，很“重庆”，很“魔幻”。

这种独特的建筑奇观打动了很多人。有人这样描述他来到洪崖洞的感受：“落差几十米的山间，楼屋层叠，潦草斑驳地拥挤在一起，拼命往上长。那种看见自己的惊骇以及无须语言共鸣的生命力，才是我们都在追罔、缅怀、信仰的。”

洪崖洞的另一个奇观得益于修平了顶上的沧白路。这是我的创新之举：把屋顶变成了城市阳台。它位于洪崖洞 11 层的滨江观景大阳台，是重庆城区少有的建在房屋顶层上的都市广场。“原来汽车真的可以在屋顶上跑。”很多游客感慨：只有在重庆、在洪崖洞才能看到“1 楼是马路，11 层楼也是马路，负 1 层是车库，10 层也有车库”这样的奇观。还有在网络上走红的 8D 悬空车库。“你以为是车道，其实后面是悬崖。”不过不要担心，这里只是我们的出口。

洪崖洞的奇幻总是不断带给大家惊喜和意外。有人评价：“洪崖洞与山城地貌特征完美结合的‘吊脚楼’建筑风格，形成了既突兀又浑然天成，无视各种逻辑矛盾和混乱性，却无意中取得了与山城网红特质相契合的美学效果，让它在城市观光景点中具备很高的辨识度。”

独特的地理位置，也是洪崖洞区别于其他很多民俗建筑之处。

洪崖洞离重庆市核心商圈——解放碑步行只有5到7分钟。洪崖洞江对面就是最现代的重庆：中国西部唯一的国家级战略金融中心——江北CBD、“玻璃时空船”造型、五彩缤纷的重庆大剧院，连接渝中－江北两岸、公轨两用的绚丽的千厮门大桥……巍然耸立的高楼大厦、不断变换的车水马龙，见证着重庆的快速发展。古典与现代的完美结合，历史与现代的对话，让洪崖洞与重庆相得益彰、深邃迷人。

我敢肯定，除了重庆，每个地方造出来的都不可能是洪崖洞。因为洪崖洞现代的桥、轻轨、吊脚楼都是独一无二的，都是不可复制的。

“站在洪崖洞，望吊脚群楼，观洪崖滴翠，逛山城老街，赏巴渝文化，烫山城火锅，看两江汇流，品天下美食，观重庆夜景”。洪崖洞也是观重庆美景的绝佳胜地，这也是在其他地方难以做到的。

在这里能观赏到“梦幻巴渝十二景”中的三景：洪崖滴翠、两江汇流，嘉陵晚霞。洪崖滴翠究竟有多美呢？古代不少的文人墨客留下夸赞：夏秋如瀑布，冬春溜滴……石苔叠翠，池水翻澜，夕阳返照，五色陆离。两江汇流指的是长江和嘉陵江缓缓相遇交汇，界线分明又完全融合。还能看到“重庆古八景之一”的“嘉陵夕照”：站在渝中区洪崖洞风景区，放眼望去，嘉陵江夕阳和对岸的江北美景，如诗如画。

除了自然景观，洪崖洞还有很多值得观看的人文景观。位于洪崖洞一楼的洪崖汉三阙，这是按照三峡库区巫山出土的文物——“汉代子母阙”仿造的，迄今为止中国第一块“汉三阙”。它是渝中区嘉滨路上的重要标志，同时也与洪崖洞景区沧白路入口的“记忆山城”景观雕塑形成呼应，为洪崖洞传承山城文化的主要载体，体现出浓烈的历史文化内涵和底蕴。

“记忆山城”位于洪崖洞11层，是雕塑家郭选昌先生精心创作的、以“吊脚楼”为主题的实物雕塑。雕塑采用铝材雕塑了一尊反映当代重庆城内挑夫生活的“山城棒棒军”。雕塑上面的房屋、石梯、竹竿构成了吊脚楼标志性的符号，体现了重庆人的不畏艰难、与日争辉的刚毅精神。雕塑总高12米，每条轮廓均用金箔贴面，总造价达120万元。2006年7月，这座雕像还获得了国家级城市雕塑的金奖。

位于洪崖洞四楼的巴渝文化墙记载着三千年来与重庆相关的演绎文化历史，包括：古代巴人演出的“茅谷斯舞”，重庆的川剧“四大名角”的浮雕，反映郭沫若的《屈原》话剧的浮雕，二三十年代风靡全国的抗日话剧《雾重庆》浮雕，获得“中国戏剧梅花奖”、蜚声海外的重庆当代川剧《金子》的浮雕……

洪崖洞纪事文化墙由两块高30米的巨型彩色浮雕组成，是重庆目前最高的巨型浮雕，堪称当代华夏美术史上的“第一彩雕”。其讲述着自公元前316年秦灭巴蜀起三千多年来的人文历史，以及古代到过洪崖洞的文人墨客所留下的墨宝，反映出历代名流对洪崖洞的真实感受。

洪崖洞城市大步道，在明清时期是为挑夫往返嘉陵江挑水进城卖水的交通要道。由于坡陡路窄，一般鲜有市民路过，而沿途吊脚楼大多居住着水工、挑夫，也是乞丐聚集地，直到抗战中被日机轰炸而更显荒僻。新中国成立后，这里正式被辟为连通渝中母城上下半城的市民步道。2006年，我们再造洪崖洞民俗风貌区时，比较完整地保留了这一条历史道路。

洪崖洞十楼有一座巨幅铜雕——“新巴渝十二景”：歌乐云音，

九开八闭，两江汇流，大足石刻，洪崖滴翠，独钓中原，巴山夜雨，嘉陵夕照，大禹治水，铜梁龙灯，古钓鱼城，巫山神女。其中，大足石刻和古钓鱼城，还被纳入了世界非物质文化遗产名录。

11 楼，在洪崖洞城市阳台大玻璃房的墙面上，我们在每一块青砖烧制前都烙上了“洪崖洞”和“重庆小天鹅”的字样。我们称之为“文化砖”，希望通过这种方式让洪崖洞这张城市名片永不褪色、名垂千古。

2007 年，洪崖洞开市一周年时，相继获得国家文化部授牌“国家文化产业示范基地”；国家旅游局授牌“国家 AAAA 级景区”；重庆市政府授牌“重庆市创意产业示范基地”。

2. 巴渝情缘：把文化注入洪崖洞

如果说“吊脚楼”是洪崖洞的“壳”，那么文化、旅游及商业就一定是它的“核”。只有文化才是决定洪崖洞能走多远的核心因素。所以，洪崖洞一定要体现巴渝文化。为此，我在洪崖洞修建了巴渝大剧院。因为我想要排练出一场像《云南映象》一样的歌舞剧，剧名就叫《巴渝情缘》。

巴渝大剧院也是我在修建洪崖洞整个过程中记忆最深的一个部分。

当时在设计时，很多人不同意修剧院。他们认为：“影院是大众化的娱乐方式，看的人应该多，而剧院的观众群太窄。”

但我坚决要建剧院。因为，在此之前，我去云南观看《云南映象》大型歌舞剧时，觉得非常震撼，当时我就下定决心一定要把它移植到重庆。为了让表演尽善尽美，我还对剧院硬件进行严格要求，配备了一流的舞台、灯光和音像。

剧院修好后，我们找了知名舞美、编剧，让他们帮助排练节目。

我们请来国家一级舞美设计孙天卫老师。孙老师带着他的团队到洪崖洞时，我坐着轮椅接待了他们。他们看了我们的剧院后，认为结构不好，不够大气，需要做一些重大改动，随即说出了一些原因。

听了他们的一席话，我意识到当时考虑得确实不够全面。于是，马上指挥工人按他们的要求改动，该拆的拆，该建的建。几乎又把整个剧院进行了重新定位，重新设计。

最终修建好的剧院有三个舞台，全都是自动的、可升降移动的舞台。赵本山到重庆后，一眼就看中了我们的剧院。因为我们的剧院非常现代化，里面的所有环节都是按照国际标准来做的。而我们编排的《巴渝情缘》也是按国际标准来排练的。我们把三千年的重庆文化进行了浓缩编排，虽然花了不少钱，但我觉得很值。因为有些东西是不能用金钱来衡量的，比如文化。把文化注入洪崖洞，正是我修建洪崖洞的初衷。

《巴渝情缘》首演时，我记得很清楚，我的腿里还插着钢针。党的十六大闭幕后不久，前中共中央总书记江泽民同志也来了，看完后不停地点头称好。重庆市委市政府一些领导也观看了《巴渝情缘》，被其中蕴含的浓郁的巴渝文化所震撼。其后又排演了姊妹篇《渝美人》这部大型舞剧。这两部歌舞剧总计演出 265 场。

不过很可惜的是，后来由于剧院运用成本过高，加上 2009 年，小天鹅集团受到亚洲金融危机的冲击，巴渝大剧院转让给了重庆市京剧团，《巴渝情缘》和《渝美人》便再也没有演出了。

3. 繁华的“重庆老城”

在洪崖洞，人流最为拥挤的就是四条“空中天街”，走在街上宛如到了一个记忆中的重庆老城。

洪崖洞商业面积近 5.3 万平方米，拥有 420 多家商铺。整体结构分为十一层，分别是一楼古玩文创街，二楼、三楼是旅游商品街，四楼为美食街，九楼、十楼异国风情街，十一楼是城市阳台。目前洪崖洞形成了“一态、三绝、四街、八景”的经营形态，体现了巴渝文化休闲业态。“一态”指的是文化休闲业态；“三绝”指的是吊脚楼、集镇老街、巴文化；“四街”指洪崖洞的四条街：纸盐河江畔酒吧街、天成巷百业工坊老街、洪崖洞民俗美食街、洪崖洞异国风情街；“八景”是指洪崖滴翠、两江汇流、吊脚楼群、洪崖群雕、城市阳台、巴渝剧院、洪鼎火锅、嘉陵夕照。洪崖洞的目前业态是几经调整与完善才形成的，这期间经历了创新、试错，再创新、再试错等多次洗牌、提炼……

以一楼为例，最初我们将它定位于重庆娱乐中心。我们想把一楼建成最大的夜市街区，为此引入了很多酒吧、歌厅，包括：音乐房子、babyface、海盗酒吧等。刚开业时，确实火了一阵。但后来因为多种原因未能持续运营。“一层是脚，脚冷了，全身就冷了。”我一度陷入极端焦虑中。后来一番商议之后，我们决定把一楼做成西南地区最大的古玩城。我们去了成都考察，将一批古玩大佬请入洪崖洞。“鉴赏古玩真品老货，尽在洪崖洞古玩城。”2014 年，古玩城正式建成。由此也形成了现在的布局。

先后尝试建设“洋货街”、旅游商品展销中心后，二楼最终变成了现在的“民俗特色商馆”。传统织品、传统漆器、传统陶器、竹木角雕、书画手工、奇石玉器、民俗工艺品、土特产品、龙泉正武宝剑……这里荟萃了中华传统名品，浓缩了“非物质文化”精华。

三楼的“天成巷百业工坊老街”，是洪崖洞最具特色的旅游商品一条街。它汇聚了全国各地的手工艺品，包括字画、丝绸、布艺、茗茶、百态工坊、竹编工艺，等等。此外，还有丰富的民间艺人表演。它的另一大特色，是整条街面采用了集镇老街的传统建筑风格，将古代商铺具有的青石板路、小青瓦、雕花门、格珊窗、斜挑梁、木垂吊和金字牌匾等元素，充分地运用到每个商铺中。

美食街是洪崖洞的又一靓丽风景线。“昨晚才从北京来重庆，一早就赶到洪崖洞，边赏景边拍照，一口气闷头吃了燃面、担担面、老麻抄手、油醪糟、豆花、酸辣粉、羊肉串、杏仁豆腐、冰豆浆等小吃，吃得酣畅淋漓、额头冒汗，那叫一个痛快……”每天，洪崖洞的食客们都挤得满满的，麻辣鲜香混合的味道和店家的吆喝声强烈地刺激着人的味蕾，让人口舌生津。

位于洪崖洞四楼的“天成巷巴渝民俗美食街”是全国独一无二建在半空中的步行商业街。熙熙攘攘的人潮，此起彼伏的叫卖声、吆喝声，木杵“砰砰砰”地舂着糯软的糍粑，铁刀“喀喀喀”地切出薄如纸的合川桃片，手工艺人展示着捏面人、糖关刀的绝活儿，脸上涂着油彩的“张飞”神气地坐在牛肉铺前，手里拿着串串香的妹子婀娜地走街串巷……整条街道就像一场流动的美食盛宴，热闹之情感染每一位游人。

位于洪崖洞九楼、十楼的“异国风情美食街”，融合了亚欧美文化和国际时尚文化的元素。从“韩国烧烤餐厅”到“日本料理”；从墨西哥餐吧、美国的“赛百味”，再到爱尔兰酒吧、西雅图的“嫩绿茶廊”……每当华灯初上，这条风情街的各个楼层店铺里，汇集了不少在渝工作、学习的外国友人。尤其是可妮咖啡·音乐茶廊，更是商务洽谈、情侣交流的绝佳处所，是喧嚣闹市中心一块中西文化交流的风水宝地。这里还入驻了一家肯德基概念店——根据洪崖洞的整体风格进行店面的装修。这是重庆第一家肯德基概念店，是洪崖洞又一大流量入口。

4. “去洪崖洞划得着”

近些年，全国各地不时曝出旅游景区欺诈游客的事件，而洪崖洞从开业以来一直注重诚信经营，十多年来从来没有发生过商家欺诈顾客的丑闻。

2013年2月，洪崖洞被重庆市精神文明建设委员会授予“重庆市食品安全示范街”称号；2014年2月，洪崖洞被市食品药品监督管理局、市商业委员会授予“重庆市餐饮服务食品安全示范街”；2014年9月，洪崖洞被市委宣传部、市商业委员会授予“重庆市惜福商街”……

洪崖洞是如何做到的呢？秘密在于我们舍得花重金在诚信培育上。

我们为美食街的所有商户建立了“诚信档案”和“诚信榜”并公开公布，通过标牌提示、广告宣传、以会代训等方式，高调倡导食品安全的紧迫性、重要性，使食品安全、诚信经营、节用惜福成为洪崖洞美食街广大商户的共同追求。

2018年，洪崖洞火了以后，来洪崖洞的人越来越多，但是个别新入驻商家的服务却未能及时跟上。我深知这是不利于洪崖洞长远发展的。于是，我提出：“不要着急思考如何赚钱，而是要继续苦练内功，抓服务、抓诚信。”

2019年，我打造了“诚信经营年”。

“现在是互联网时代，你的不诚信随时随地都会被曝光。”我召集数百家商铺开大会，并以小天鹅成立37年依然屹立不倒为例子亲自演讲，告诉每个商户一定要诚信经营。我倡议：“洪崖洞景区的经营者，要把客户当成自己的家人对待，必须要注重提高软实力服务水平，必须要坚持诚信为本的经营理念，必须要秉持童叟无欺的道德承诺。”同时，我们拿出20万开展星级商户评选活动。

有人说：“何永智傻，干吗不趁着洪崖洞火了，抓紧赚钱。”“洪崖洞的品牌价值可不止20万。”对这种说法我个人是坚决反对的。

2019年6月18号，我们在洪崖洞开展了“诚信为本，创新致远”的星级商户评选活动。评选活动采用游客线上（公众号）、线下评分（要求顾客填写调查表，进行用餐评价）的方式，重点测评经营户在“产品销售道德信用、服从商业管理信用、遵守政府行政信用”这三方面的表现。

评选采取百分制，特别设立加分项和黄牌警告项。加分项为有独立 IP 的商户，直接加 10 分。而游客投诉达到 3 起以上，直接在店门头挂黄牌警告，投诉 5 次再次警告，投诉 8 次坚决清退。

我们根据调查对照评分细则中的每一项生成相应的分数，经由造势、海选、初评、甄选这四个阶段，最终评选出五星级商铺 8 家、四星级商铺 60 家、三星级商铺 110 家。我们不仅对达标商家进行授牌，我还承诺将亲自为四星以上的商户代言。同时，我们将该评选结果在网上公布。

正因为我们坚守着“诚信经营”这一个底线，洪崖洞的客户投诉量远低于其他同类景点，甚至很多重庆本地人都愿意来洪崖洞消费，他们常说“去洪崖洞划得着”。

二、洪崖洞是怎么“火”起来的

1. 《千与千寻》的“神助攻”

看过宫崎骏动漫《千与千寻》的朋友，一定会对汤婆婆的“汤屋”印象深刻。它是千寻的梦境之地，有日式宫殿的风格却又交错林立，张灯结彩的角楼、迎风招展的店牌、夜间灯火辉煌的外观，既奇幻又美丽。

夜晚的洪崖洞魔幻又美丽，惊艳全球

人们一度以为这样魔幻的建筑美景只能存在于二次元，在现实世界中不可能存在，洪崖洞的出现打破了这种预判。

每到夜晚，依山就势、沿崖而建的“吊脚楼”在光怪陆离的灯光映照下，与山城重庆交相辉映，以包容热情的姿态接纳四方游客人群。美轮美奂、极具魔幻色彩的景象让每一个身临其境的人迷失其中，恍惚中如同走进了《千与千寻》中那一座灵异小镇。

2013 年左右，有网友将洪崖洞和“汤屋”放在一起进行比较，发现两者居然神似。不知从什么时候开始，网上到处都在疯传着这样的信息：洪崖洞的仿古建筑在灯光的交相辉映下，与日本著名动画电影《千与千寻》的画面非常相似。甚至有传言说洪崖洞是《千与千寻》的取景地。夜晚的洪崖洞也被比作是现实世界的“千与千寻”。每到夜色降临，人们穿越千里，从四面八方来到洪崖洞，就是想要看一看这个现实中的“千与千寻”，传说里的“不可思议之街”。

我们常说：“2013 年，对于洪崖洞来说是一个转折点。”因为在 2013 年之前，来洪崖洞的都是重庆本地人，且中老年人居多，他们来到洪崖洞是为了观赏“悬崖上的吊脚楼”，重温“记忆中的老重庆”。而 2013 年，《千与千寻》上映后，来洪崖洞的年轻人多了起来。不仅有中国人，还有不少来自韩国、日本，乃至全球的年轻人。有一些日本游客，在洪崖洞一路跪拜，就像藏民跪拜布达拉宫一样，为洪崖洞增加了神秘感。

在此要澄清的是，洪崖洞展现的是重庆特有的吊脚楼建筑文化，设计灵感跟《千与千寻》没有任何关系。

那么洪崖洞璀璨而魔幻的灯光中藏着怎样的奥秘呢？一般的古建筑都是 3 层，最高 5 层，而洪崖洞有 13 层，在悬崖上显得错落有致、气势恢宏，在灯光中一片辉煌、如梦如幻。另外，我们的灯饰和其他古建筑相比还有独特的地方，我们每一个瓦片都布满 LED 灯带，外墙也安装有 LED 冷光，因此，从各个角度拍照都是光彩夺目、完美无瑕。

2. 与电影结缘

重庆是一座与电影结缘的城市。比如：张艺谋导演的武侠片《满城尽带黄金甲》，黄渤主演的《疯狂的石头》，大鹏、柳岩主演的《受益人》，周冬雨、易烊千玺主演的《少年的你》，邓超、岳云鹏主演的《从你的全世界路过》，刘德华、井柏然主演的《失孤》等。

洪崖洞也是很多导演喜欢的取景地。比如：张一白导演的《从你的全世界路过》。2015 年，有一部电影来重庆取景，他们并没有跟我们联系。只是有相关单位跟我们电话说："你们能不能把夜间灯饰时间延长，有部电影有两组镜头要在这边拍。"但我们并不知道是哪个剧组。之后，为了拍摄一组镜头，这个剧组还租了我们的地下负一楼车库。2016 年，电影上映了，里面有以洪崖洞为背景的江景与夜景，还有在地下车库吃火锅的画面。我们才知道当时来取景的是这个电影的剧组。

电影里洪崖洞美得让人震撼，很多人感叹："这是什么地方？也太漂亮了吧！"甚至有人说："因为看《从你的全世界路过》爱上了洪崖洞，爱上了重庆。"由此带动更多人对洪崖洞产生兴趣，让洪崖洞的知名度进一步提升。后来我们还说："如果早知道是他们来取景，我就不收取租金了，可以好好搞一波宣传。"

2015 年 7 月 12 日，东方卫视热播的综艺节目《极限挑战》，在洪崖洞"洪崖滴翠"顶上的"闹江湖火锅"和洪崖洞四楼开拍，一时轰动重庆，轰动洪崖洞。节目播出后，不仅收视率大增，观众对洪崖洞的惊叹与向往，也大大提升了景区知名度。

我们没有炒作，是洪崖洞天然的美征服了观众。正像网友说的那样："洪崖洞是游客自己发掘出来的，他们自己最知道自己喜欢什么。"

3. 拥抱移动互联网

“洪崖洞越来越时尚了。”这是这些年来，外界对洪崖洞的一个明显的感受，这让越来越多的年轻人爱上洪崖洞。

洪崖洞是第一个引入“摇一摇”这种商业模式的旅游景区。

“你只要打开蓝牙，打开微信摇一摇，到某一个时间点，就可能摇到洪崖洞里面的土特产、古玩、巴渝剧院门票或者洪崖洞酒店的住宿券。”2014 年 5 月 1 日，我们在洪崖洞景区召开了“旅游景区互联网营销平台”——微信“摇一摇”网络营销平台启动仪式，正式开启微信“摇一摇”周边“嗨摇”模式。

活动面向所有前往洪崖洞景区的游客。只要在手机中，打开蓝牙设置，进入手机微信摇一摇页面，根据提示摇动手机，获得小天鹅派送的电子优惠礼券。优惠礼券涵盖了重庆小天鹅旗下餐饮、酒店、食品加工等全部业态的各类产品。而且“即摇即用”，与店家确认后，即刻就可享受火锅打折优惠。这个优惠卡券还可以存在微信卡包里转送给亲朋好友使用。

活动参与简单，而且能获得实实在在的优惠，所以游客的参与度很高。他们说：“在全国游玩了这么多的景区景点，从来没有感受过这么新奇时尚而且快捷的营销方式，真是太令人开心了。”

这也为商家带来了大量的新客群。他们很兴奋：“从来没有听说过微信可以做营销，留住客人，促进消费。这次何总带给我们的全新微信平台促销手段，让我们觉得既惊奇又真正地体会到了互联网的销售力。更没想到的是我们洪崖洞竟然是第一个尝试这种模式的。能在洪崖洞时尚地做生意，不仅很有范，更是能通过这样的方式获得巨大的利益！”

外界对小天鹅的探索也给予好评：“利用互联网吸引粉丝关注，

何总带领洪崖洞商户一起体验微信“摇一摇”的功能

然后成功转换为顾客，让传统企业也长出了‘联网基因’。”“洪崖洞此番微信摇一摇，将是小天鹅集团全面实现 O2O 网络营销的真正开始！”

这是我们积极拥抱互联网的首次尝试。2014 年底，经过央视春晚组委会的层层考核（企业资质审查，食品安全、基地、企业门店在全国布点的考察），小天鹅成为2015年央视春晚全国50家礼品赞助商之一（当时全国大约有上千家企业报名，经过几轮筛选，最后选了 50 家企业），是西部唯一一家入选的火锅企业。

为此，小天鹅至少要拿出上千万元的利润。“拿出几千万的利润来参加活动值吗？不如踏踏实实地多开几家门店。”有人这样劝我。

但我不这样认为。彼时，腾讯官方的数据显示，全国已经有 6 亿人在使用微信，如果我能通过这个活动，吸引到100 万人的新客户，已经是相当值得了。他们将是小天鹅的会员，也会成为将来小天鹅线上销售推送的目标客户。

而且这种活动对品牌的宣传、后方大数据收集和未来企业发展将起到不可估量的作用，这能帮助小天鹅成功转型，与年轻人接轨。

事实证明，我的判断是对的。2015 年春晚，小天鹅以微信“摇一摇”平台为媒介，一天摇出来 500 万个新客户，从初二开始每天新增大量的营业额，1 个月新增营业额过 5000 万，实现了每天营业额约 20% 的增长，微信公众号关注人数每天呈 40% 的上升，一下子让小天鹅变成了线上线下的企业，让小天鹅找到了互联网的入口。

随着互联网的发展，目前我们从上到下形成了这样的统一认识：“不走互联网发展的道路，肯定是死路一条。”

4. “人文”洪崖洞

洪崖洞为什么能“火”起来，还有一个重要原因，就是小天鹅重视人文关怀的企业文化发挥了作用，这是内因。

2020 年年初，新冠疫情来势汹汹，1 月 24 日，重庆市政府根据《重庆市突发公共卫生事件专项应急预案》，启动重大突发公共卫生事件一级响应。洪崖洞在一级响应启动当天便关闭了景区，并从 1 月 25 日起，除了必要的保安人员、保洁人员和工程技术人员以外，宣布全面禁止商户和游客进入景区。

本着“安全第一”的原则，疫情防控期间，我们安排绝大部分员工居家办公，同时要求保洁人员每天对洪崖洞的各区域进行严格消毒，杜绝病毒流入景区的可能性。

为帮助商户平稳度过当前的经营困境，小天鹅集团对在洪崖洞的自有产权租赁户，实施了减免 2 月至 3 月 50% 的租金、全免公共空间空调费用的优惠政策。同时我呼吁洪崖洞的其他业主，参照小天鹅集团的优惠政策减免租赁户的店铺租金。

3 月 21 日，在经辖区政府的严格审批后，洪崖洞重新对外开放。

但在景区暂停开放的56天里，洪崖洞每天依然18点开灯，23点熄灯。我从没考虑过为节约成本而关闭洪崖洞的外墙灯饰。我希望洪崖洞的灯光，能为特殊时期的重庆市民带去一份暖意。为了向抗疫在一线的医护人员致敬，我们提出：洪崖洞景区自2020年3月21日开园至2020年12月31日前，全国医务人员凭有效证件，享受快速通道免费入园服务（每人可携带1名家属）。

“企业发展中，人的因素是最重要的。”在内部，我们重视员工创造性和主观能动性的发挥，并采取一系列措施促进员工积极性。比如：新员工食堂的建设。

之前的员工食堂因比较偏僻、从工作区去食堂路途比较远，且半露天，冬天特别冷，夏天特别热，使得员工用餐环境比较恶劣。

发现问题之后，我们决定修建新的食堂，给员工提供更好的就餐环境。最后，我们选择将6楼600平方米的可出租的优质房产腾挪出来，修建了新的员工食堂。别说在私企，就是在国企，这也是非常难得的事情。要知道，黄金商铺，按照一平方米100元租金的标准来算，一年也要70多万。现在员工食堂不仅成为员工日常用餐的场所，也是员工聚会、团建的场所。这一举动也让员工心里很温暖，对解放生产力、释放干劲、调动大家的积极性起到了很大作用。

三、提档升级：洪崖洞的明天更美

1. “火爆”背后的隐忧

洪崖洞爆火那段时间，我看到媒体上关于洪崖洞火爆的报道，一方面感到高兴，另一方面是忧心。于是，我写了一条微博：“作为洪崖洞主的我，看到洪崖洞巨大的人流，却一点都高兴不起来。”

为什么这么说呢？最重要的原因是火爆造成客流超限涌入给景区安全和环境卫生带来巨大隐忧。

根据2018年渝中区旅发委组织专家对洪崖洞景区最大承载量的核定：洪崖洞瞬时承载量为20338人次，日最大承载量为122028人次。但根据我们的统计，洪崖洞近年来节假日的日均人流量达到七八万。拥挤的电梯、堵塞的通道，客流超限不仅让各项管理工作难度增大，也给游客带来了较差的城市观光体验。很多游客纷纷抱怨：“参观景点变成看后脑勺”“上厕所排队太久。”还有游客用“又爱又恨”来形容洪崖洞。

在“五一”“十一”假期那几天，洪崖洞游客人数最多的时候，连我都没有能到洪崖洞来，因为我根本就进不来。因为游客量太大，交通瘫痪，警察不得不直接封锁千厮门大桥和东水门大桥。游客们可以光明正大地，堂而皇之地在原本是车道的大桥上玩耍，此举也被很多游客称赞：“重庆实力宠游客。”但其实，这也是为安全考虑。

说实话，虽然我一直相信，洪崖洞总有一天会得到大家的认可。

可是，我真的没想到，它会突然就火了，而且火到了这个程度。如果说我对洪崖洞有什么遗憾，那就是在建造之初没有多装几部扶梯。这样就可以让游客可以从洪崖洞顶端顺崖而下，一边看着江北嘴的夜景，一边吹吹江风。

此外，目前洪崖洞的业态还比较单一，主要集中在火锅和土特产两大类，内容体验、文化底蕴和内涵气质都有待进一步挖掘。作为重庆的文旅地标，我们有责任把更加时尚、多元，有文化底蕴的城市形象呈现出来。

这次疫情也带给我更多新的思考。疫情初期，洪崖洞的日均客流量仅达到疫情之前 10% 的水平，大量商铺亏损严重，大批商户利益受损严重。随着新冠肺炎在全球范围“大流行”，疫情未来或仍将持续一段时间。

在这个时间窗口下，洪崖洞必须挖掘自身潜力，适当调整经营业态，创新产品营销，捕捉新的商机。我更加坚定了对洪崖洞进行升级改造的决心，要让它既有好看的皮囊，又有有趣的灵魂，这样它才会有生命、有能量，让人百看不厌。

2. 洪崖洞的“时光电梯”

作为重庆的城市名片，重庆市政府对洪崖洞的升级改造工作一直非常重视，在各级别会议上，都屡次强调洪崖洞要从内到外加快升级改造。2020 年年初，市区两级政府领导强调，务必重视洪崖洞的升级改造工作，并给予大力支持。

2020 年 6 月 8 日，渝中区召开“关于洪崖洞景区提档升级工作”专题会议。会上指出：“要针对洪崖洞景区存在的规划不完善、内外交通不畅、景区品质业态低端、外立面及灯饰破损等问题，加大力度、加快进度推进景区提档升级。”

“重逢 1980”场景之重庆火车站与山城照相馆

迭代升级后的洪崖洞会是什么样的呢？

我想用三个词回答：开放、年轻、有趣。

从一至三楼、五至九楼全面升级蜕变。其中，一期五至九楼先行启动打造，2020 年 8 月开始逐步建成并对外开放。

如何破局？回归最初提到的时光电梯，它缓缓降落至洪崖洞，带你自由穿梭“过去”“现在”“未来”，体验由三种不同的文化基因、艺术媒介、互动体验呈现的重庆风貌，这也是洪崖洞全维迭代的核心项目之一。

“重逢 1980”将空间划分为外城、内城，延续山水之城的层次神秘，匠心还原母城人文风景：山城电影院、大阳沟菜市场、供销社、5 路电车、百货公司等；以及通过艺术创变的网红打卡点位：情感热线电话墙、到此一游墙、时光杂货铺、妖艳大牌……一条深邃的街区，由复合业态围合连接，自然流畅的规划动线，故人故事由此重溯，仿佛一场大戏，消失的场景被唤醒，你也变成电影里的演员。

我们用匠心构建了一座故城，我们想留住山城的豪迈与烟火气，用当地美食搭建人情味，你可以吃重庆地道的年代美食，可以玩 80 年代的游戏，看网红跳 80 年代的舞蹈，还可以看邓丽君全息 MR 音乐秀。所有的场景或业态并非孤立存在，而是完美融合，最后构成了一个完整的老重庆社区。

“让经历过重庆 80 年代的人有个怀旧的故地，让没有经历过的年轻人可以在此感知那个年代的烟火气息，让重庆人知道自己从哪里来，让外地人可以在这里读取这座城市的文化密码与城市性格。”这就是我们倾力打造“重逢 1980”的意义。

楼下是市井的热闹，楼上是光影的奇幻。

时光穿梭第二站——洪崖洞六楼 · 梦幻巴渝十二景，光影艺术互动体验馆 + 二次元潮玩基地。以梦幻巴渝十二景文化为内核，寻回城市记忆，找回消失风景；以现代光影艺术为媒介，打破时间、

“梦幻巴渝十二景”之黄葛晚渡、字水宵灯

空间、文化边界。穿越四季、由古到今、造梦前行，打造一个光影互动艺术馆。

整个项目的文化血液即“梦幻巴渝十二景”：金碧流香的繁华、黄葛晚渡的交辉、桶井峡猿的生机、歌乐灵音的渺漫、云篆风清的森悠、洪崖滴翠的翻澜、海棠烟雨的朦胧、字水宵灯的灼然、华蓥雪霁的碎琼、缙岭云霞的绚烂、龙门浩月的波光、佛图夜雨的缭绕。

我们具体是怎么做的呢？

我们在项目中植入多种互动手法。比如：植入 AR 游览模式，让游客通过手机小程序扫码可以看到动态景致在空间里立体化演绎的效果，甚至可以通过扫码集十二景花签牌、赢消费券等，让整个体验空间在声光电的手法之下可看、可听、可体感、可互动游戏。并植入二次元元素，在 AR 中以原创洪崖音仙二次元角色作为 NPC 引导员，引导体验者们多重感知古巴渝十二景经典之美。

从策划、设计到深化工程，13 个场景，300 张手稿，180 多个日夜。历经数时，破茧成蝶，终有了“梦幻巴渝十二景”，“千里江山行，皆在一梦间”。

“收揽足够前卫的潮流穿搭，微醺在电音迷乱的朋克酒馆，追逐于涂鸦与机车间的快感，挑战声势震撼的电竞搏击，享受一场科幻的氮气 SPA。”在洪崖洞的七楼、八楼，叫“未来重庆”，将采用赛博朋克风格，专为年轻人打造，VR 等科技元素都将在这个街区出现。

我们打造 2.0 版本的洪崖洞，是想体现出景区寻求现实版“千与千寻”之外的突破——打造和重庆贴合度更高的洪崖洞文化，让它既有烟火气，同时又有生活的美感。也希望通过此次升级，为洪崖洞打造一条“内容为王、专业运营”的新路，形成差异化的内容体系，个性化的游客服务体系和多维度的游客组织体系。

3. “做到极致，才能留住游客”

在做提档升级方案的设计时，我们一直强调的是：用追求极致的思路去做设计。

因为必须在洪崖洞现有的结构框架内进行创新，这给提升工作带来不小的挑战。以“重逢1980”为例。我们从去年就针对“怎么提升”这一议题进行反反复复的讨论。在方案讨论过程中，我们内部也曾出现了不小争议。我的想法是打造类似《长安十二辰》和《九州缥缈录》中那样高雅、蓬勃大气的古建筑。但以我女儿廖韦佳为代表的年轻人则提出要做“重逢1980”的主题。这是两个年龄圈审美的碰撞，气氛一度逼至零点。

他们的理由有三：一是经过圈层调研，80年代走情怀主义。选用这个主题，会圈定更广泛的受众，这是洪崖洞的核心目标群体。二是他们在相似风格的消费场所进行了调研，发现重庆的“饭遭殃”、长沙“文和友”饭店，皆是以此为主题打造，深受大家追捧与喜爱。三是进行微博试水。在没有任何宣传的情况下，将“重逢1980”的思路话题发至微博上，几天阅读量近千万，收获留言1800多条。代表这一内容的群众呼声和未来的可能性。

我的顾虑在于80年代对我来说是一个艰苦的时段：下岗失业、养育孩子、社会变革、艰难创业等等，回忆是心酸的。而且那个年代距离当下也有时间的鸿沟，不确定年轻人是否会买单。因此，最初我是反对这一主题的。

虽然我们意见不一致，但最后我还是说：“我只是表达我个人意见，最后决策还是交给你们来做。”选择支持他们，是因为我想将更多的机会让给年轻人。不过也正因为我提出的问题，在打造的过程中，团队也将这一压力转化为动力。他们将年轻人的诉求考虑其中，结合时下流行审美，创造了艺术夸张的新的打卡点，包括超大收音机、电视柱、年代装备盲盒等，这些内容让老故事有了新的语言，让年轻人听得懂、看得懂，最后赢得了年轻人的市场。

主题确定了，接踵而来的是工期短、任务重、难度大的问题。也是好事多磨，这个项目原本2020年5月份就要正式对外发布，但中间遇上“新冠”疫情，导致不少工人被迫隔离在家。跟随国家步伐，我们也紧随全民抗疫工作。

我们努力做好备案。迫于时间问题，我们不得已在重庆本地重新找工人。找到工人后，疫情期间怎么施工也是一个问题。在多次与政府协商后，他们同意我们戴着口罩施工。因为要整天戴着口罩长时间、高强度地作业，我们有一名工人晕倒在了施工现场。

因为年代久远，如何真实地还原80年代，着实让我们伤了一番脑筋。街区里很多景观是我们千辛万苦、遍地搜寻找到的原始物件。比如：5楼公车张师傅的 “安全驾驶57万公里”纪念奖状。这是我们和张师傅多次诚意沟通后，他才忍痛同意将奖状捐献出来。

有些实在找不到，就只能用现代手法手工进行贴近真实的还原。比如：1比1还原5路公交车，百货店橱窗里面展示的坦克、导弹，矗立在街边的树，贴在墙上的海报……甚至茶棚大树上的苔藓、地上的裂痕都力争凸显出年代感。

在工程实施过程中，我们做得最多的事情是抠细节，一遍、两遍、三遍……推翻、再来、再推翻、再来……因为我们深知：文旅产品不做到极致，是吸引不了旅客的。他们见多识广，根本不能被糊弄住。只有真诚的作品才能赢得真诚的青睐。

最后呈现的霓虹灯、手写招牌、剥离墙面、小广告口号、木制窗户等等，都充满了来自80年代的市井质感视觉冲击，山城的火热，来势汹汹。如同搭上记忆的5路电车，载着一批又一批年轻人在悠长的80年代岁月里行驶……我们将这些带着强烈的时代印记的碎片一一拼凑起来。

整个打造工程，面临的至关重要的一环，是如何注入灵魂？

制景是看得见的重逢，情景才是看不见的灵魂重逢。

在这里，我们与复古娱乐相逢。

还记得黑白电视吗？那时候没有液晶电视屏，与外面的世界沟通全靠黑白电视，但快乐一点不比现在少。为了重温那段记忆，我们打造了“视面八方”，每周二黑白闪烁的雪花、80年代功夫电影……帮你找回时代记忆。

还有舞池中叱咤风云的“扛把子”。“80年代我老汉是霹雳舞扛把子，我妈就是被他的爆炸头+太空步拿下的。今天，我想复制他的成功。”“小时候就调皮，喜欢撒欢儿，我妈拿我实在没辙，就送我去学跳舞，可我呢，也不像其他女孩子好好学什么民族舞、芭蕾舞，就爱跳些霹雳舞哈哈。”“老爸曾经带我去过那种复古歌舞厅，整个舞厅可潮了，用现在的话来说就是弄潮儿，那是我第一次感受到迪斯科的欢乐和魅力。”……我们重现了既复古又现代的Disco广场，带你跨越时代的界线，再回到那个金色的年华，舞动出那个魔幻的年代。

山城宽银幕电影院是老重庆心中的时尚地标，曾上演着山城的幕幕经典。我们专门还原了山城宽银幕电影院磁带墙，每一卷磁带都刻录着岁月的声音，帮你一同寻回年代金曲中的青葱记忆。我们还原了山城宽银幕电影院木排椅。在那个年代，坐在排椅上让其摇晃得嘎吱响好像是全国统一的事情。

> 踏遍千山万水，找寻属于时代的歌声。在这里，你还将与经典声音重逢。
>
> ——邓丽君

我们打造了《寻找邓丽君》全息MR互动音乐秀。音乐秀将沉浸式概念引入视听节目，采用领先的虚拟人、视觉特效、多媒体舞台设计等丰富的科技元素，力图打破时空界线，重现邓丽君经典演

山城宽银幕电影院

出形象、3D 原声，带领大家回到 30 年前邓丽君的现场音乐秀。

《寻找邓丽君》全息 MR 互动音乐秀获得了台湾“邓丽君文教基金会”授权。这样长期落地的剧场式项目，在国内都是比较少有的。为了完成此次合作，我们也算是与知音的重逢。

为什么他们愿意授权给我们呢？一方面是认可“重逢 1980”的设计主题和理念。另一方面，80 年代是邓丽君歌唱生涯的另一个巅峰，她曾走访世界各地进行演出，包括北美的巡回演唱会，美国洛杉矶音乐中心及旧金山、加拿大温哥华的个人演唱会等。唯一遗憾的是希望能到大陆演出，却一直未能如愿。这次以全息 MR 互动音乐秀的方式，在重庆这个充满故事文化的场地演出，也是以另一种形式圆了她的心愿。

“迫不及待想要见到升级后更美的洪崖洞。”在得知洪崖洞现在的动作后，很多网友表达了自己的期待：“想回到过去看看 20 世纪的洪崖洞。作为 90 后的我们应该多花时间了解重庆的过去，那么就去看重逢 1980 吧。”

“出生在重庆直辖那一年！见证过一部分过去的重庆！实在是

太幸运了！到时候一定要去现场看到更多的老重庆！期待！”

“喜欢重庆是动画般童真的洪崖洞；喜欢重庆是街边飘香的牛油与辣；喜欢重庆是错综复杂鳞次栉比的山间风光。爱他的车水马龙，爱他的曲径通幽。想去看看 1980 年的重庆街道，是否如被爱与人情味包裹的凉粉般有味道。”

“我出生在 1996 年。80 年代，是我妈妈风华正茂的时代，那个时候她只身一人闯荡江湖，修表摆摊，见过谦谦君子，也见过地痞流氓。一身真丝红裙，一双红色高跟鞋，一张烈焰红唇，让我爸一见钟情。听我妈说，不知道穿过多少次菜园坝。我也想回到那个时候看一看。”

“作为重庆区县土著，没见过 80 年代主城是啥样，希望能乘坐洪崖洞的时光机穿越回到那个向往的年代，来一曲野狼迪斯科。”

“如果我可以穿越回 1980 年，肯定要品尝那个时候的美食，欣赏那个时候的风景，因为重庆一直都很美，无论哪个时空。”

4. 智慧洪崖洞

在洪崖洞的升级改造中，我们积极走上了“智慧化景区”发展道路。

2017 年，洪崖洞被重庆市旅游局选中，成为智慧景区试点单位。在重庆市旅游局的支持下，我们搭建了智能识别系统，开发了旅游景区管理系统。该系统可 360 度旋转的网络直播摄像头、客流统计摄像头、Wi-Fi 探针、热力地图等一系列“黑科技”。这个游客流量统计摄像头与普通摄像头不一样，它可根据旅客头部、肩膀的行进方向，分析其路线，判断游客是进景区还是出景区，可以有效地解决如何入园的问题，大幅提升了洪崖洞景区的智慧化管理水平。

这让我们实现了从粗放的人工计算人流量到智能统计，并通过互联网媒介，与市政府、市文旅委、区文旅委实现了联动。该系统植入洪崖洞公众号中，通过相应入口进入界面，就可以看到洪崖洞的实时人流情况。现在市政府官员，都关注了洪崖洞的公众号，这样他们可以实时掌握洪崖洞的客流量，让控流、管理更加方便。

为了缓解洪崖洞拥堵现状，给游客更好的游玩体验，自 2019 年 7 月 1 日起，重庆洪崖洞决定开通线上预约免费门票系统。游客可以在微信中搜索“洪崖洞”进入小程序或者官方公众号，领取免费门票，或者现场凭身份证入园参观。游客最多可提前 3 个月预约洪崖洞的免费门票，每日有不同的预约时间段，分别为 9—12 点，12—18 点，18—23 点。而如果超过了景区日最大承载量，有可能导致预约失败。

未来我们还将着力解决游客的旅游动线以及买什么、看什么、玩什么的问题。比如游客希望快速找到就近的电梯、洗手间等，也可以一键导航可达。旅游动线图上还会有餐饮、礼品、奶茶、洗手间、电梯等各主选项，在动线周围也会有各家商户特色展示。

同时，我们还将通过政府配套，打造文旅廊道及慢行系统，一是打造连接滨江路和沧白路的步梯和电动扶梯，增强纵向区域联系；二是在千厮门桥下建设游客中心，功能为游客服务；三是打造洪崖洞与朝天门连通的桥下空间，既可分流人群也可增加体验，形成滨江文旅廊道和慢行系统。我们还计划打通洪崖洞负一楼到来福士广场的通道，形成 1.8 公里的一廊两街的格局，缓解超限客流带来的种种隐忧。

5. “宽洪大量” 组合出道

洪崖洞不仅仅是巴渝文化的象征，也正成为成渝文旅互动交流发展的载体。

“一个热闹欢腾，身处阑珊灯火中；一个温婉写意，栖在悠闲时光里。2020 年 ，TA 们终于在一起了。”2020 年 4 月 22 日，重庆市渝中区、成都市青羊区就洪崖洞、宽窄巷子（成都三大历史文化名城保护街区之一）战略合作在洪崖洞举行了签约仪式。媒体将之称为洪崖洞和宽窄巷子“组合出道”了。

“组合出道”后，大家可以见到这样的景象：在成都的宽窄巷子，会有重庆的吊脚楼场景设置，在重庆的洪崖洞，也将有成都的宽窄巷子等川西民居场景的介入。

“宽窄巷子”携手洪崖洞，不仅要发挥双城文旅地标带头作用，还要输出更加丰富多元的玩法、产品、活动。比如：在城市互动营销方面，两地计划同期举办“成渝双城记”城市互动营销活动，在洪崖洞打造“宽窄巷子”主题场景，在宽窄巷子打造“洪崖洞”主题场景。

在产品互推方面，双方拟开展“双城攻略”主题展销：在洪崖洞、宽窄巷子分别举办“双城攻略”文旅美食展，联手推出成渝两地吃、住、行、游、购、娱消费线路地图，面向成渝乃至全国游客宣传推广成渝两地的特色文化、特色美食、特色品牌和特色消费场景。

在游客导流方面，双方将选定成渝主要地铁线路，打造“沉浸式洪崖洞、宽窄巷子主题车厢”，在成都至重庆往返高铁、动车周末时段增设“成渝双城号”冠名主题专列，并放置旅行手册供游客在旅途中浏览。进一步构建“ 城际休闲 + 轨道交通 ”的全新消费模式，将成渝的消费、旅游资源进行有效串联、整合，强化两小时消费圈概念。

在景区宣传方面，双方也将以自有媒体为基础，联动成渝两地主流新闻和政务媒体，策划“双城商业地理新发现”“成渝商圈魅力大 PK”“下一站，成渝”等双城商业格局、特色、发展方向等角度的系列报道。

两地还将通过短视频等新兴宣传方式及热点话题制造、打造耳目一新的双城商业文化的宣传矩阵，在全国范围内形成对成渝消费场景的聚焦，建立印象和舆论氛围；通过如“双城商业地标隔空表白”“成渝买购私享地图”“成都重庆逛gai指南”等易于传播的话题打造，配合地标LED及城市硬广投放。

升级文旅消费场景下，本次双城地标景点“牵手”对话及合作协议的达成，在成渝文旅互动交流发展中极具战略意义，特别是在2020年全国文旅产业受疫情影响严重的背景下，成渝文旅CP——“宽洪大量”C位出道，或将共同为亟待振兴的文旅产业开辟新路。

“加强双城文化旅游合作，建设具有国际影响力、竞争力的巴蜀文旅产业带，打造世界文化旅游目的地。”有人评价：此次宽窄巷子与洪崖洞的合作无疑为巴蜀文旅产业带的最终实现提供了一个出口。

6. 再建一个横版洪崖洞

未来洪崖洞还会发生怎样的蝶变？这也是很多人关注的问题。

事实上，我一直规划建一个新的洪崖洞。新洪崖洞和现在的洪崖洞不一样，我想再打造一个横着的版本。横版的洪崖洞会把滨江水岸和高架桥下的空间利用起来，再造一个风雨廊桥。这个横着的洪崖洞，将会从如今的洪崖洞景区开始，一直绵延到朝天门。游客可以逛完了竖着的洪崖洞，再沿着嘉陵江，在横着的洪崖洞景区内漫步，走到重庆的另一个地标朝天门，感受两江交汇的美丽风情。

此外，我还准备将巴渝风景临江展示，崖壁之下造出1200位重庆历史人物的微缩景观，讲述九开八闭的城门故事，演绎重庆版的清明上河图。

面对如今许多游客都站在千厮门大桥上欣赏洪崖洞夜景的局面，我也希望能够打造更多真正的观景平台。这样不仅能解决因为游客太多导致千厮门大桥拥堵的状况，还能让来自世界各地的游客，站在更好的角度拍下洪崖洞的美景，甚至在一张照片里呈现出洪崖洞和千厮门大桥交相辉映的景致，让他们不虚此行。

除此之外，我还打算利用洪崖洞附近的防空洞打造大轰炸纪念馆。我希望上下左右连通洪崖洞附近的多个防空洞，在里面把大轰炸时候的场景，用文化旅游展现出来。

之所以这样考虑，是因为抗战时期的防空洞和大轰炸这段历史，是重庆独一无二的历史文化，将它们还原出来，不仅能凭借独有的感受吸引游客，还能让世界各地的游客更深地了解重庆这座英雄之城。

我的梦想，就是将重庆“美景”这张城市名片推向全国，乃至全世界。

叁

飞扬的青春

我出生在一个普通的家庭，是家里的老七，和很多普通重庆女孩一样，吃苦耐劳是本性，所以我小时候也被调侃为“何家养的一头小牛”。在开始做小天鹅火锅前，我干过很多粗活累活，当过裁缝，做过挑沙工、挑水工、鞋厂设计师……我努力把我擅长的每一样都做到最好，抓住了命运赐予的每一次实现逆袭的机会。

一、一方水土，一方人

1. 我的父亲母亲

我的祖籍在重庆南岸区一个叫马家店的地方。

四川地处盆地，周围是连绵环绕的山脉，马家店正好背靠大山，遇到暴雨，很容易引发泥石流。我的祖辈们就生活在这里，是些靠天吃饭、老实巴交的农民。出生于 20 世纪 50 年代的我，从有记忆开始，就未见过爷爷奶奶、外公外婆。听父母说，他们在战乱时期不幸早早离世。

我的父亲叫何鑫才，是个苦命的孩子，当他还在娘胎里的时候，他的父亲，也就是我的爷爷，就因积劳成疾撒手人寰。在旧社会，没有父亲的孩子，经常会受尽别人的白眼和欺负。更重要的是，养活一家人的重担都压在了我奶奶一个人身上。为了减轻家里的负担，父亲十岁时就跟着他的舅舅讨生活。舅公是卖牛的，父亲一去便到他的店铺里学杀牛、卖肉。父亲聪明灵活、老实肯干，很快就得到了舅公的重视，并在舅公的店铺里站稳了脚跟，成了那条街上人人熟知的牛肉店伙计。

俗话说，“男大当婚，女大当嫁”，店铺里逐渐开始有人隔三岔五地来给父亲提亲。憨厚勤快的父亲，很受媒人们的欢迎，为他介绍对象的更是络绎不绝。信奉“父母之命，媒妁之言”的父亲，因为母亲不在身边，便把自己的婚姻大事交给了他的舅舅。

媒人们介绍的女孩，舅公一个都未看中。他看中的是一个给大户人家当丫鬟的女孩——陈泰华，也就是我的母亲。我的母亲和父亲一样，也是个苦命的孩子，在她很小的时候，她的父亲就被抓去做壮丁，从此杳无音信，最后听人说早就在战乱中去世了。和父亲一样，贫困的生活迫使她小小年纪就自立自强，她被送到大户人家做丫头，以赚点钱来贴补家用。

舅公也就是在给那个大户人家送牛肉时，看见母亲手脚麻利、做事老练、聪明乖巧，便想着介绍给我父亲。舅公找人去了我母亲家，向我外婆提亲。对等的家境，让双方的长辈很快就把这门亲事谈妥了，并当即把接亲的日子定了下来。当时，母亲也不过才十三岁，就那样懵懵懂懂地，像童养媳一样，嫁给了我父亲。

结婚第三年，也就是母亲十六岁时，生了我大哥。随后，差不多每一两年就得到一个孩子。母亲总共生了十个小孩，前三个全是男孩。然而，在那个贫困交加、缺医少药的年代，除了我三哥何大荣以外，我大哥、二哥均因生病无法医治而夭折，失去了老大、老二，母亲又接连生下老四、老五，老四、老五都是女儿，也就是我的四姐何永秀和五姐何永惠。等到母亲怀老六时，父母觉得肯定是个男孩，便早早给他取名何永智。果然，老六是个男孩，遗憾的是，我的六哥仅仅活了七天就夭折了。悲痛欲绝的父母为了纪念这个早夭的孩子，决定把“何永智”这个名字留下来，给后续出生的孩子，并约定，不管是男孩还是女孩，都叫何永智。就这样，“何永智”顺理成章地成了老七——我的名字。

我的名字很男性化。也许在父母的意识中，他们无法忘记早夭的六哥，所以即便我是个女孩，也把我当男孩来养。自然而然，这也成就了我独立自强、吃苦耐劳的性格。虽然父母已有一儿三女，但那时不兴避孕结扎，母亲随后又生下了老八、老九和老十。不幸的是，老十也在出生后不久夭折。所以，母亲生了十个孩子，最终存活下来的只有六个。

由于家里兄弟姐妹多，再加上生活拮据及“文化大革命”的影响，我们兄妹六人都只上到初中，这也是种遗憾。然而，人的品格却与文凭无必然关系。在我的印象中，父亲勤奋务实，母亲贤惠善良，他们的闪光点都在我们兄妹身上得到了完美的映照。

父亲是念过私塾的，当时在村里也算是个“秀才”。念私塾时，父亲学的是记账和打算盘，而且还因打得一手好算盘而小有名气。而他的这手“绝活”，最后也都被我继承了，对我日后走上经商之路意义非凡。

1953 年，也就是我出生的那一年，适逢国家改造资本主义工商业，舅公的店铺当时被收为国有。借着这阵政策之风，父亲由一名私营店铺里面的伙计，变成了国家的正式职工，在一家食品公司下属的川道拐屠宰场工作。同时，母亲也被安排在了一家禽蛋店卖鸡鸭蛋。

记忆中的母亲很漂亮，还泼辣能干，做事风风火火。记得母亲由于工作干得突出，经常被单位评为先进工作者，在我上小学时，她已经成了禽蛋店的经理。在我们这个人口众多的普通家庭，虽然父母都有工作，但工资却少得可怜，每个月两个人的工资加起来也不过几十元钱，因而生活过得很紧张。

当时处在计划经济时代，物资极度匮乏，在我的记忆中，任何日常生活用品和食品都需要凭票购买，买粮要粮票，买油要油票，买肉要肉票，买布要布票。我们一家八口，却只有几十元钱，相对于数额有限的各种票证供应，假如父母不精打细算、勤俭持家，根本不可能把我们兄妹六人抚养成人。

那时，在川道拐上班的父亲每个星期总会带些牛杂碎回来，而在禽蛋店上班的母亲，每逢杀鸡鸭，也会带些已经破壳的鸡蛋回来，有时甚至还会带些鸡鸭血。

就是这些不起眼的杂碎，最后都被我母亲这个“巧妇”做成了一锅美味。母亲很会做火锅，她常常会把豆瓣和辣椒、花椒等调料

我的全家福

放在一起，炒成一锅很香的调料。自我出生，就是在那火锅味中长大。如今回想起来，那浓浓的火锅调料仍是最美最香的回忆。

每逢寒冬，我们全家围炉而坐，吃着热气腾腾的火锅，聊天说笑，其乐融融，幸福之情溢于言表。现在想来，我们的冬天好像都是在火锅边度过的。也许正是在母亲身边的耳濡目染，让长大后的我和火锅结下了不解之缘，让我对火锅有着浓烈的情感。

就这样，在杂碎做成的火锅喂养下，我们兄妹六个渐渐长大成人。我想，除了留恋火锅的美味，我更留恋那份亲情、那份温馨。

父母不仅对待我们几个儿女宽厚慈爱，对待亲朋好友、街坊邻舍也是如此。母亲的勤俭持家和热情好客是出了名的。她虽然恨不得把一分钱掰成几份来用，但每到逢年过节，总会让父亲把亲戚朋友请到家里，亲手做一桌在当时来说相对比较丰盛的饭菜，尽心招待他们。但凡家里有点好吃的东西，她都不忘分给街坊邻居。与母亲做事泼辣、说话大胆的风格形成鲜明对比的是，父亲比较低调内敛，往往少说多做。

父亲在我们那里，是有名的“巧手”，他看到什么，就会做什么。他的手不仅能拿刀宰牛，还很会修东西。家里不管什么东西坏了，只要交到他手里，很快就能修好。所以周围的街坊邻居，有需要维修的都找他。而我，既继承了父亲动手能力强的优点，也继承了母亲热情贤惠、勤劳朴实的性格。

幸福往往伴痛苦而生。在我们兄妹六人都已长大，在事业上取得些许成就之时，为这个家操碎了心的父母，还来不及安享晚年，却都相继离开了人世。

母亲在50岁时患上了心脏病，非常严重。记得1974年的一天，母亲的心脏竟然骤停了七十多分钟，所幸，在送到医院后奇迹般生还。后来，母亲多守护了我们16年，最终她还是积劳成疾没有抵抗住病魔，离开了我们。那时是1990年，正是我下海创业第八年，也是我的火锅生意风生水起的时候。母亲在临终前，放心不下的还是我们这些儿女，她担心我们兄妹不和，尤其担心我随着生意越做越大会骄傲自满、漠视亲情。

我深深理解母亲的担心，跪在她面前，紧紧地拉着她的手：“妈妈，我保证会照顾好兄弟姐妹，把亲情放在首位。”我刚说完，母亲就安详地闭上了双眼。

母亲的离世已让我们兄妹悲伤不已，不料，母亲去世后不到一年，父亲也在睡觉时悄然离去，事前毫无征兆，也未曾留下一句话。我想，或许是因为父亲和母亲太恩爱了，他放心不下离去的母亲，所以赶着去另一个世界照顾她，与她永久相伴。“百事孝为先！”辛苦了一辈子的父母，在他们理应享受天伦之乐、享受幸福生活的时候，却永远地离开了，他们一天也没有享受到我能回报他们的幸福。当我搬进了别墅、获得种种荣光的时候，我就情不自禁想起他们，我想：如果他们还健在，那该多好！

但这，成了我终身的遗憾，永远无法弥补。

2. 最喜欢的玩具是针和线

在那物质贫乏、物资紧缺的岁月，一个有六个孩子、两个大人共八口人的家庭，温饱都成问题。吃方面，可以“近水楼台先得月”，依靠父母在食品单位工作，以各种杂碎做成的火锅填饱肚子。但穿方面，却是个天大的难题。

在我的记忆中，我们兄妹几个的衣服鞋袜一直都是干干净净、整整齐齐的。衣服上即便有补丁，也是母亲用很细的针脚缝的，一点也不会让人觉得寒酸。所以，尽管家境贫寒，但我们从来没遭受过街坊邻居的歧视和欺负。

这一切，都离不开母亲的辛劳。小时候，只要半夜从睡梦中醒来，我总能看到母亲坐在板凳上，在微弱的灯光下，仔细地为我们补衣服、做衣服、洗衣服。

我喜欢看母亲做针线活的样子——侧身坐着，微微低着头，持针的手翘起纤细的小指，一上一下地挥舞着，不出几天，一块布料就在她手上变成了一件漂亮的衣服。

等我们稍稍长大了一点，一针一线地手工缝衣服显然已经忙不过来了。聪明智慧的父母就用省吃俭用攒下来的钱，买了一架缝纫机。那架缝纫机，陪伴我们几兄妹度过了漫长的成长岁月。缝纫机那嘀嘀嗒嗒的声音，也成了我童年记忆中最美的音符。

就这样，我在母亲的熏陶下喜欢上了做衣服。小小年纪的我，便会站在母亲的身边，仔细观察她怎么裁剪，怎么一针一线地缝，怎么用缝纫机做。

每当父母看到我对做衣服痴迷的样子时，都会会心地笑着说：

“这七妹呀，注定是做衣服的，天生的！”他们之所以这么说，是因为我在小时候，就和针线有特殊的缘分。

我从小就和其他孩子不一样，我很少哭闹，但哭闹起来就什么玩具都哄不住。有一次在我哭闹的时候，正做针线活的母亲为了哄我，顺手就把缝衣服的缝衣针递给我，我一见到那卷线，哭声就戛然而止。母亲觉得奇怪，便把它们拿走，我又开始哭起来，她再递给我，我又不哭了。

最后母亲还发现，我不仅喜欢线，我还喜欢布，喜欢针。总之，看到那些针头线脑，我就会像别的小女孩看见洋娃娃一样高兴，而且一玩就玩很长时间。

“这孩子呀！以后肯定是个做裁缝的料！”我母亲又喜又悲地说。喜的是，以后如果能做裁缝，也算是门手艺，能维持生计；悲的是，做裁缝毕竟是个辛苦活。

继承了父母勤劳朴实性格的我，自小就不怕辛苦。虽然我上面有哥哥姐姐，但我却是家里最勤快的一个。

3. 何七妹儿是家里的一头“小牛”

在学校的时候，我的学习一般，从来没有当过班干部。

为了能让父母高兴，我回家后就拼命做家务活。因为我觉得，勤快肯做事是我唯一能让父母感到骄傲的事情。那时候，每天一放学，其他孩子还在外面疯玩的时候，我已经回去了，因为我要帮家里做事。

看到母亲做饭，我会帮她择菜洗菜；看到家里堆着的脏衣服，我也会主动拿去洗。我不仅从不觉得苦和累，相反，每当我做好这些事后，都能从父母的一句赞扬、兄弟姐妹的一个开心笑脸中获得巨大的满足感。

除了帮父母做家务，我还会帮父母赚钱养家。

20世纪60年代末，我还在上初中的时候，我们国家正值灾荒年。因为农民种的粮食年年歉收，人都不够吃，更不要说用来喂鸡鸭了。没有谷物喂养的鸡鸭，肯定营养不良，于是也不产蛋了，母亲的禽蛋店出现了生存危机，禽蛋店里的员工开始变得无事可做，很多时候，赖以养家糊口的那份工资也拿不到。原本就靠父母的一点微薄工资度日，现在母亲这边的工资拿不到了，全家的生计雪上加霜。

为了度过困境，母亲决定改去卖冰糕。因为重庆的夏天很热，像个火炉，所以冰糕是夏季最受欢迎的消暑品。于是，母亲每日顶着三十多度甚至四十度的高温沿街叫卖冰糕。一天下来，母亲不仅嗓子喊哑了，还晒得头昏脑涨，屡次中暑。这么辛苦，要是生意好，冰糕能卖完还行，可有时候辛苦了一天，冰糕却没有卖出去多少。

看着母亲日益消瘦，长吁短叹，我很心疼。想着正好是暑假，我便提出和母亲一起去街上卖冰糕。母亲担心我天热中暑，我说我不怕，还说我嗓音高，冰糕肯定卖得快，母亲见拗不过我，只好勉强答应了。就这样，整整一个暑假，我都和母亲一起出去卖冰糕，有时候我还会让母亲休息一天，我一个人出去卖。也许是大家觉得小孩子出来卖冰糕很辛苦，也很可怜，我带出去的冰糕总是卖得很快。

这应该算是我人生中最早接触生意吧。除了夏季帮母亲卖冰糕，在其他季节里，我还会帮家里剥花生、拆棉纱、烫鸭子挣钱。记得那时候，父亲总是领着我们兄弟姊妹几个，到一个集体单位领花生，每次都会领出好几麻袋。虽然剥一袋花生只能挣很少的钱，但在那个年代，想要挣这点钱还得有熟人介绍。因为在那个粮食紧缺的年代，花生不亚于美食，所以剥花生这个活儿必须交给让公家放心的人去做。

我们家里每个人都很珍惜这个赚钱的机会，记得那时我们每天剥花生都会剥到很晚，剥到手都磨起了泡，但我从没叫苦叫累。拆棉纱、撕棉纱也都是挣辛苦钱，要想把那些棉纱边角料拆开缠成棉纱，需要花很多功夫，而且缠一斤也不过才挣个几分钱。

我和我的家人

还有就是给烫鸭子除毛。在我的印象中，每次到了烫鸭子的季节，都会有大车运来一些已经杀好的鸭子，大家为了多挣钱，都会穿上水靴冲上去抢鸭子。那时候，年少的我不甘落后，总是抢得最多。鸭子抢到手后，就把它们放在一口水烧得沸腾的大锅里烫，然后从锅里取出来拔毛，整理完一只鸭子也不过挣两三分钱，但由于每次我抢的鸭子多，所以每次都能挣到十几块钱，比其他人都多。看着辛辛苦苦挣来的钱，手上烫起的泡我也就不觉得痛了。

“七妹真是我们家里养的一头牛！”父母开玩笑说。自此，“小牛”的外号也就被大家这么叫开了。

童年和少年时的我，就像一头牛一样，辛苦劳作。尽管很苦，但我却从没想过偷奸耍滑，以此来逃避劳动，相反，每当我看到因我的努力让家里多了一份收入的时候，我都会很开心，并感到所有的辛劳都是值得的。

人生中的每一段路都不会白走。也许正是小时候那段艰辛生活，培养了我吃苦耐劳的精神，从而让我有足够的能量和顽强的精神去迎接接下来那段苦不堪言的知青生活。

4. 知青时代的艰难岁月

重庆有一句俗语：“养儿不用教，酉秀黔彭走一遭。”酉，就是酉阳；秀，就是秀山；黔，就是黔江；彭，就是彭水。意思是说，父母不用担心自己的孩子没有受过苦，只要让他们到以上四个地方走一走，就知道自己活在天堂了。可想而知，这四个地方有多么艰苦了。

这些地方都是重庆最边远、最贫困的山区。它们多为深山密林，由于地势坡陡、道路险峻，交通极不便利，再加上经常受到洪灾、旱灾侵害，导致沟壑纵横、土质贫瘠，生产和生活条件极其恶劣。

18 岁的我刚刚初中毕业，便成了知青，要去偏远的农村——黔江。

黔江位于重庆东南部，当时没有公路，自然也没有车辆来往，我便搭乘一辆马车驶向那里。一路上，虽然山清水秀，但我却无心观赏，我对即将到来的知青生涯忐忑不安。好在五姐比我早一年来到这里，我紧张的心情才稍微放松了些。

兄弟姊妹十人中，我和五姐的年龄差距最小，所以关系也最亲密。五姐最大的爱好就是看书，即便在那个物质匮乏、生活清苦的年代，她依然怀揣着“书中自有千钟粟，书中自有黄金屋”的美好梦想。博览群书的五姐，肚子里也装了很多故事。记得小时候，为了听五姐讲故事，我总是极力“讨好”她——为她打洗脸水、洗脚水。不过，五姐的动手能力却很逊色，在这点上，我们姐妹俩恰恰相反。

当我到了黔江，五姐立即冲上前来，抱着我既高兴又难过，她一边说“但凡有点办法都不要来这里”，一边开心地拿能吃的东西给我。

贫困的黔江，不仅让我们无法填饱肚子，连住处都寒酸简陋，那低矮潮湿的小屋，冬天阴冷，夏天闷热。就在那样艰苦的生活条件下，我们每天还要饥肠辘辘地和当地农民一起上山砍柴、下田种地。

如果说身体上的不适还可以忍受的话，那精神上的绝望简直无法承受。每天看着一望无际的深山，我就有种看不到未来的迷茫和悲凉。但我暗暗告诫自己，在那人生地不熟的深山里，消沉是解决不了问题的，所有的一切都要靠自己打拼，要靠自己的双手去努力争取，否则，根本就挣不来那点微薄的“工分”，而没有“工分”就分不了粮食，没有粮食我们就生存不下去。

虽然生活艰辛，但我却能乐观面对。很快，我就凭借自己会做衣服这一特长，和当地农民打得火热。我帮那些农民做衣服，他们就会请我和五姐去他们家里吃顿饱饭。当然，能吃顿饱饭的机会少之又少，挨饿才是常态。长期的饥饿严重影响了我们的身体健康。在黔江待了一段时间，我就因为营养不良得了场大病，最后经医院检查，确诊患上了急性黄疸型肝炎，我以病残知青回到重庆。我也因此结束了短暂的知青生涯，回到了家，那是1973年末。不久，五姐也回来了，为了顶替父亲的工作。那时候有“顶名代替”制度，即“父亲或母亲退休后可招收一名子女进入他的单位”。

顶替父亲工作的五姐很快就成了食品厂的一名正式职工。那时候的食品厂属于国有企业。至此，五姐也就抱到了铁饭碗，过上了衣食无忧的稳定生活。

实际上，这个“铁饭碗”原本是留给我的。我病退回城后，父亲单位的领导知道我很能干，便想让我顶替父亲到食品公司工作。但我知道这是家里唯一的一个工作名额，如果被我占了，那哥哥姐姐怎么办？于是在体检的头一天，我先是不吃饭，接着又晚上熬夜洗衣服，结果第二天体检时发现我转氨酶偏高，这样就无法去食品厂上班了。

这个名额最后留给了五姐，凭着这个指标，她从黔江回到了城里，并当上了正式职工。这么做我心里很踏实，也很欣慰，因为我觉得自己有特长，可以做衣服，就业机会也就相对多一些。

5. “何家小裁缝”

在从黔江的知青点病退回城后，虽然我和众多返城等待安置工作的年轻人一样，成了一名“待业青年”，但我却并没有闲着。

那时候，那些从学校毕业了没分配工作以及上山下乡返城后没安排工作的“待业青年”，大多整天待在家里无所事事，而我却凭借自己会做衣服的“手艺”开始忙得热火朝天了。我每天的时间都安排得很紧凑，为了节省时间，连走路都要小跑，因为有一大堆人的衣服等着我去做。

我们家里本来人就多，再加上叔叔舅舅等亲戚朋友，差不多有十几口人，每一个人的衣服都需要我来做。我给他们做衣服都是免费的，虽然我自己没能得到工钱，但能帮他们节省做衣服的开支，我也觉得是值得的。

自学成才的我，做衣服的速度很快，即使与裁缝铺的那些老师傅相比，我也毫不逊色。有时候，我一天可以做一件大衣或8套衣裤。而且，我做衣服的速度并没有影响我做衣服的质量，所以很多人都知道“较场口有个叫何七妹的女子做衣服做得很好”。很快，找上门来请我做衣服的人越来越多，包括那些爱赶时髦的“超哥超妹”，也都争相涌来让我做衣服。

天生对新生事物敏感的我，学什么都很快，街上流行穿什么，只要我看一眼，就能记住，回去就动手开始做。不管是帽子还是鞋子，上衣还是裙子，我都能快速地做好，质量与店里的成品不相上下，甚至有时候比店里的成品还要好。

给家人和亲戚朋友做衣服不收钱，但给外人做衣服却是要收的。在我印象中，那时候我靠着做衣服一个月能挣一百多到两百元钱，这在那个时候已经很了不得了，因为在单位里上班的人，每个月工资也不过才二三十元钱。

所以，从这个意义上来说，我自小就有经商头脑并不夸张。当然，那时候我被称呼最多的就是“何家小裁缝”。

二、忙碌的青春年华

1. 歌声嘹亮：河边吊嗓子

20 世纪 70 年代，虽然还没有电视机、录音机等这些电器，更没有网络和手机、MP3、MP4 等电子产品，但并不影响大家对音乐、对唱歌的爱好。虽然那时候人们的业余生活很单调，但年轻人的激情和热情都是一样的，那时候的年轻人和现在的年轻人一样，都喜欢赶时髦、跟潮流。

二十几岁的我，正值青春年华，只要有时间，也会和同龄人一起去唱唱歌、跳跳舞。记得那时候上演八个样板戏，街上便开始流行演唱样板戏里的片段，我也唱。我天生嗓音高，即便现在，我们公司的很多员工都还说我是“高八度”，说我在 100 米开外说话，他们都能听到。

不过，虽然我嗓子好，但会唱的歌却不多，平时也就跟着样板戏唱几句。有一天，我听到我们隔壁有人在唱歌，唱得很好听，而且会唱的歌也很多，不仅会唱样板戏，还会唱俄罗斯民歌。

俄罗斯民歌对那个年代的我们来说，简直就是天籁之音了。我迫不及待地叫我九妹去打听隔壁在唱歌的是谁。那时候，由于九妹在社会上认识很多人，所以她很快就打听到了：隔壁爱唱歌的人，小名叫新生，大名叫廖长光，是文工团的成员，他不仅会唱歌，而且还会弹吉他、拉二胡、拉小提琴，甚至还会讲普通话。

初恋时：我和长光的合影

我一听就羡慕得不得了，我向来对有才的人很钦佩。九妹出主意说，我们干脆把他叫来，让他教我们唱歌吧，我忙不迭地答应了。

新生过来时，我正一边裁衣服一边唱歌。他看到我三下五除二就把一条裤子裁好了，顿时愣住了。据他后来回忆说，他从没见过一个这么能干的女孩，一块那么大的布料，经她的手一画一剪，竟然成了条裤子。就在那一天，新生对我一见钟情，后来听他说，他一看到我那双巧手，便认定我是个勤劳持家的女人，并下定决心要把我追到手。

新生对我的爱慕，我当时毫无察觉，因为从小到大，我都是待在家里帮父母操持家务、养家糊口的，所以涉世不深的我，在认识新生之前还从没谈过恋爱。新生长得很帅，吹拉弹唱样样出彩，是个出了名的“帅哥”，追求他的女生很多。而且在认识我之前他已经有女朋友了，所以我就更没朝那方面想，日子还是一如既往地过着，每天照旧忙碌着。

现在想来，新生追我还是颇费了些心思的，用现在一个时髦的词叫“不抛弃，不放弃”。再后来，我去了长航上班，因为我每天要坐船过河，新生便每天早上和晚上都在我上下班时赶到河边接我，并一起在河边练声吊嗓子。

当时，我的感觉很单纯，每天在上班之余，有个人一起吊嗓子、教我唱歌，我就很开心。那时的我年轻，也漂亮，梳着一条大辫子。新生每到高兴时，就会放开嗓子高唱俄罗斯民歌《小辫子飘啊飘》，边唱边盯着我的长辫子……

2. 从挑沙工到技术发明人

读书不多的我很早就知道人脉的重要性，所以也善于利用自己会裁衣服的“手艺”拉些关系。可以说，我所掌握的做衣服这门“绝技”，是让我最初能够走入社会并立足社会的根本。

在家待业虽然可以做衣服赚钱，但我觉得自己年轻，总想出去走走，见见世面，以便多接触一些朋友，多了解一下社会。由于我一贯免费给亲戚朋友做衣服，我一个在银行当信贷员的远房叔叔为了答谢我，介绍我去长航做工。

“长航”就是长江航运公司，是当时有名的国有企业，也是当时重庆最好的公司。在长航工作的人大都是长航人的子女，一般人很难进去。

1975 年秋，在这位远房叔叔的帮助下，我进了长航做临时工，具体工作就是在建筑工地上挑灰桶，也就是挑建筑需要的水泥砂浆。和我干同样工作的人都是长航人的子女，而且都是跟我年纪差不多大的小女孩儿。

长航离家里有一个多小时的路程，要先坐车，再坐船，然后才能到达工地。我记得那时，每天早上出门前，我都会从家里带上一点米和用糊辣椒炒的榨菜皮。工地上有专门蒸饭的工作人员，到了中午开饭时，我就用自己带来的咸菜下饭。吃饭的时候，大家围在一起，一边吃着各自的午饭，一边讲着开心的事。年轻女孩总是有讲不完的开心事儿。现在想起那段日子，真是太单纯、太美好了。我们吃的那个饭菜，虽然简单得不能再简单，可就是那样的香，现在想起那个味道都口水直流。

现在回忆起来，我觉得自己对生活的要求真的不高。我记忆最深的是在1959年到1961年的三年困难时期，那时我还在上小学，有一次我放学回到家，母亲给我一个用纸包着的甜饼，那只是个上面撒了点白糖的白面饼，在当时却是稀有之物。就那样一个饼，我足足吃了三天，每一次咬一口，有时候咬两口，吃完就给它包起来，它的香味至今让我回味无穷。

在长航当临时工时，我中午一般是不休息的。我跟那些女同事的关系都处得很好，她们都知道我会做衣服。吃完饭后，我就跟她们一起到有缝纫机的人家里，给她们量体裁衣。由于我利用中午时间给她们做衣服都是免费的，所以我深得她们喜欢。

从小到大，只要做事得到父母和旁人的表扬及认可，我就会很满足。很多时候，我帮人都不求回报，只希望别人能认可我、喜欢我。所以尽管我给同事做衣服是免费的，但我能得到一些“好处”，比如常常有人请我吃饭、给我“打牙祭”等等，这都已经让我很开心了。

不久后，我的付出又有了出乎预料的回报。由于我经常给一个同事做衣服，她那当领导的亲戚便把我调到屋里“铡纸筋”。这样我就不用在太阳底下挑灰桶了。现在很多人可能不知道“铡纸筋”是什么意思。所谓“纸筋”，就是为了使屋墙牢固而在盖房子用的灰浆里加入的一种草。这种草经过了发酵，有点像霉草，需要把它砸碎后加在灰浆里，作为灰浆的筋骨。把铡碎的“纸筋”按比例均匀地拌入灰浆内，能够增加灰浆稠度，从而增加它的连接强度。用这种灰浆抹在墙上，能够有效防止墙体出现裂缝。随着科学技术的不断进步，建筑材料也早已更新换代，“铡纸筋”这种活儿也就不复存在了。

当时我万万没有想到，我竟然能够凭借自己做衣服这门“手艺”调换工种。在那时来说，这是天大的意外和惊喜了。当时很多长航人的子女都不能换工种，而唯独我能换，而且换到了屋里，工作虽然累，但不用晒太阳了，这实属不易。

不久后，介绍我去长航当临时工的叔叔，又给我找了份在六一童鞋厂挑开水的工作。这份工作依然不是正式职工，属于皮鞋厂编制外的临时工，有点类似于我们现在的“合同工”，随时可以走人，不像单位里的正式职工那样稳定。

尽管挑开水也是个不稳定的临时工作，但毕竟是在室内干活，也没铡“纸筋”那么累，我就同意去了。我到了那里后，很多人都说我最多待不到10天就会走人。因为挑开水一般都是中老年人干的活，从没有哪个一二十岁的姑娘会愿意来做，况且这是一份重体力活，并非人人都干得了。其实最主要的是观念问题，当时很多知青回城后都托关系进厂当了正式工人，没有哪个愿意做这种临时工。在很多人看来，临时工就是比正式工低人一等。因为我坚信自己不可能永远挑开水，所以我也没有过多地想这份临时工是不是低人一等的问题。

六一皮鞋厂总共有7层楼，每层楼都有一个开水桶。我的工作就是每天到一楼的锅炉房，把烧开的水挑到每一层楼并倒进开水桶里。刚开始一次挑不动一桶水，我就只挑半桶，多跑几趟就行了。不过我也给自己定了个目标，每次多盛点水在桶里，争取在一个月之内锻炼到能一次挑一桶水。因为心中有了目标，所以干起活来也不觉得苦和累，于是一个月很快就过去了。那些师傅发现一个大姑娘家每天任劳任怨地给他们担水送水，都深受感动。

我就这样每天乐此不疲地往7个楼层送水，保证在每个楼层工作的工人都有水喝。这份工作不会耗去我一整天的时间，我在送完水后还有很多空闲时间，很快我就和那里的员工混熟了。在那个年代，商店里卖的衣服少，颜色和款式都很单一。那些喜好穿着打扮的年轻女性都喜欢自己买布料到裁缝店做衣服，只要看见谁穿了件漂亮的衣服，便赶紧打听是请哪位裁缝做的，然后就去买布仿照做一件。

那时我最爱去的就是医务室。因为医务室里有位年轻漂亮的郑医生，她属于那种爱穿着打扮、追求时髦的人，她穿的衣服也都是去裁缝铺里定做的。我去看她的目的很简单，就是要看她身上穿的衣服样式。当郑医生知道我穿的衣服就是我自己做的时候，用怀疑的眼神看着我，表示不相信，我叫她拿块布来我裁给她看。皮鞋厂里的案板很多，郑医生很快就随手帮我找了块案板。那些工人听说挑开水的女孩会裁衣服，都围过来观看。在众目睽睽之下，我把那块布铺在案板上，三下五除二就把衣服裁好了。裁完后郑医生拿回去找缝纫机缝好，两三天后就穿在身上了，女工们都说我裁的式样很好看。

这个消息一传十、十传百，很快就传开了。同事们一个接一个地跑来找我裁衣服。那时候工厂里有1000多人，女工占多数，下班后她们就排着队让我给她们裁衣服。她们把我裁好的布料拿到裁缝铺里做，会蹬缝纫机的就自己缝。给她们裁好衣服，我还会告诉她们一些细节，比如衣服的领口和袖口要稍微归拢一点；衣服的腰间要直直地打；月牙瓣要放在前面，不要放在后面；衣服的领口要打成立领等等，诸如此类的，我俨然成了做衣服的专家，她们对我所裁剪的衣服都很满意，对我更是言听计从。

由于善于裁衣服的技能，很短的时间我就融入了童鞋厂这个大家庭，赢得了全厂师傅们的赞赏。为了让我挑水这个工作轻松一点，师傅们利用工厂里准备装电梯的设施搞了一个技术革新，做了一个升降梯，这样我每次挑水的时候，只要把装满水的水桶放在升降梯上，然后就可轻松自如地把开水运到不同的楼层。

3. 送给师傅的帽子

时光荏苒，不知不觉在鞋厂已经度过了 4 个月。这个时候，工厂突然下发了一个文件，说要遣散所有临时工，因为有一批家属等着要进厂当正式工。当时厂里总共有四十多个临时工，而我作为指标外的临时工，按说应该是首当其冲地要被辞退的。但最后结果是，所有临时工都辞退了，却留下了我。我记得当时厂领导问我有什么特长，我知道厂里可能要成立一个工宣队，就说我会弹琵琶。

说到弹琵琶，我不得不说一段我学弹琵琶的故事。

那时候我的邻居中有个姓郑的大哥，他是川剧院的琵琶手。那时候因为搞“文化大革命”，在文艺领域只保留了京剧《沙家浜》《红灯记》《智取威虎山》《海港》《奇袭白虎团》和舞剧《白毛女》《红色娘子军》以及交响乐《沙家浜》这八个样板戏，其他的作品都被当成“大毒草”封杀了。京剧团、川剧团的员工也就跟“下岗”一样，终日待在家里，无所事事。

那时候我还在家里做衣服，每天都能时不时听到从隔壁传来的琵琶声。那清脆悦耳的琵琶声深深地吸引着我，惹得我心痒难耐，于是就很想学着弹琵琶。有一天，我壮起胆子去找郑大哥，说想请他教我弹琵琶，郑大哥也早就知道何家七妹心灵手巧、会做衣服，便非常乐意收我为徒。

我没有琵琶，郑大哥便热心地从他朋友那里给我借来了琵琶，并从弹琵琶的简单知识教起，很快，我也能像模像样地弹几首简单曲子了。

学弹琵琶的时候，我未曾想过，我的命运有一天会因弹琵琶而改变。

而正因为我对鞋厂领导说我会弹琵琶，所以干了 4 个月挑水工的我，出人意料地转为正式工了。转正之后，我也就不用再去挑开水了，而是被安排到了化料车间工作。化料车间是工厂里最吃香的车间，属于技术类工种，就像裁衣服一样，只不过我们的工作是给皮鞋画样。由于我有裁衣服的基础，所以跟师傅学画样学得很快。

记得第二年的“五一”劳动节，我们厂里举行“红五月”比赛，我画样的速度和式样居然超过了我的师傅。那一年我被厂里评为“先进工作者”。好事一桩接着一桩，在那一年的 7 月，工厂的上级领导单位——皮革公司要招一批青年工人到上海学皮鞋设计，我又有幸成为其中的一员。

从 7 月到 10 月，我们在上海学了 3 个月。学成回来后，我就不用再回车间上班了，而是调到了技术科，给一个八级技师做助理。我在上海学习的是平面设计，而这个八级技师搞的是传统设计。刚开始他很保守，不愿意教我，甚至不准备带我这个徒弟。为了能让他教我，我费尽心思。在第二年的春节，我送给了他一件让他意想不到的特殊礼物——我亲手做的一顶帽子。

我之所以送帽子给师傅，是因为那年他已经 53 岁了，但头上却总是戴着一顶又脏又旧的帽子。那时候帽子很难买到，我趁他不注意的时候悄悄地量了一下他头的尺寸，然后用给别人做裤子剩下的一块布料给他做了顶帽子。当师傅试戴帽子感到非常合适，又知道这顶帽子是我亲手做的的时候，他终于被我感动了，或者说是被我的手艺折服了。他觉得我是一个有心的人，也看出了我做缝纫的基本功，便决定破例把我收为他唯一的徒弟。

通过这件事，我明白这样一个道理：技多不压身，如果有机会，一定要多学一些知识，多学一些手艺，人的可塑性是很强的，越给自己充满“电”，释放的能量才越多。

4. 千人之上的技术能手

看了我前面的故事，可能很多人会想，你这是运气好。

但我认为，不是我运气好，而是我懂得把握机会，这个机会就是学习的机会。我很庆幸，在我们那个生活清苦、缺乏学习条件的年代，我竟把握住了一个又一个十分难得的学习机会，最后通过自己的不断努力，提高了自身技艺，发展了自身才能，从而使自己从那些整日怨天尤人、浑浑噩噩却期待某一天突然创造奇迹的同辈人中脱颖而出。

因为一顶帽子，我成了师傅的徒弟，凭着自己的聪明好学，很快我又和师傅成为工厂的主要设计师，我设计的产品也很快流入了市场。那时候的皮鞋是要凭票购买的，流入市场的很少，供不应求。也许是因为我们设计的皮鞋样式新颖，很受欢迎，所以，皮鞋厂很快就扭亏为盈。记得当时我们一年能给工厂创造一百多万利润。因为效益好，我们那个工厂很快就从皮革公司众多工厂中倒数几名的后进工厂一跃成为名列前茅的明星工厂。

过了不久，善于动脑筋的我很快又让师傅另眼相看了。那时候，传统画样技术都是用剪刀放样，通过工作中的不断摸索，我又发明了用割刀放样的技术。当我师傅还在用剪子一刀一刀地剪的时候，我就已经开始用割刀一槽一槽地割了。这样一来，师傅画一个样至少要一个星期，而我却只需要两天。我不仅做得快，而且还做得好。师傅不止一次地当着众人的面表扬我，说我画的皮鞋式样真是太漂亮了。背后他也常对别人说："我这个女徒弟真是太聪明了。"

其实，这一切都归功于我的画画功底。不过，当时师傅并不知道我会画画。

20 世纪 70 年代，我们国家还十分贫困落后，教育资源也十分匮乏。对于普通家庭的子女来说，连正常上学都困难，更不要说学其他特长了。而拥有天生不服输的男儿性格和强烈学习欲望的我，但凡遇到那么一点学习知识的机会，我都会紧紧抓住。当初学画画，我就是为了提高自己的艺术修养，锻炼自己的审美能力。

从黔江农村当知青回到家里当裁缝的那段日子，通过一个偶然

1979 年，我第一次到北京参加新产品博览会

的机会，我听说重庆 29 中正在举办一个培训班，专门教素描。我觉得裁衣服跟画画有关，因此就千方百计托熟人帮我在这个培训班报了个名。

29 中离我家有将近一个小时的路程，那时我每天下午都会提前收工，然后匆忙做饭吃饭，再背上一个大画夹子，早早赶到学校。我几乎每次都是最早赶到学校的那名学生。因为有裁衣服的基础，我学画画进步很快。培训班的老师经常表扬我作业完成得好，并常常惊叹于我丰富的想象力。

虽然只学了短短一段时间的画画，但让我受益终身。首先是对我裁衣服有直接帮助，我衣服做得好，并不是空穴来风，学过素描的我，懂得欣赏美，对美的事物有很强的鉴赏力。其次是在六一皮鞋厂当设计师的时候，画画成了我快速发展的“撒手锏”。

从 1979 年转正到 1981 年，在这个工厂工作的三年间，可以算作是我职业生涯中的一个鼎盛时期。我设计的产品参加了新产品的博览会，我被评为厂里的“技术能手”“小诸葛”“先进工作者”等。时光真是很奇妙，这短短的三年时间，竟把我从一个千人之下的临时工变成了一个千人之上的技术员。

我们从来都以为只有知识才能改变命运，而未曾想过手艺也能改变命运。我人生中一件又一件的事证明：只要你有一技之长，并能把它发挥得恰到好处，你就能在社会上安身立命。

三、遭遇“死缠烂打”

1. 恋爱过山车：他超乎常人想象

“似其东风别有因，绛罗高卷不胜春。若教解语应倾国，任是无情也动人。”那时青春飞扬的我，也开始了一段浪漫满怀、刻骨铭心的初恋……

在我认识了那个会唱歌、会弹吉他、会拉二胡的新生后，他就开始狂热地追求我。那时候的他，因为家庭的原因，经受了比一般男孩子更多的磨难。

新生的家庭和我的家庭一样，也是多子女家庭。但新生比我更苦，他遭受的磨难比我更多。他的父亲中华人民共和国成立前曾在新华社重庆分社做过实习生，新中国成立后被安排到了重庆市东方电气厂任厂长。而新生的母亲是重庆一家著名的医院——重庆外科医院幼儿园的园长。新生的艺术天赋来源于母亲，他的母亲自小爱好文艺，钢琴弹得很好。

出身书香门第的新生，在父母的熏陶下受到了良好的教育。按理说，他的人生之路应该顺风顺水。然而，“天有不测风云，人有旦夕祸福”，一场突如其来的风暴使他的家庭发生了重大变故，并改变了他的人生。

新生不到三岁时，他的父亲被判了四年刑，送到乡下接受劳动改造。新生的母亲被迫在离婚协议书上签了字，离婚并没有给她的生活带来任何好处。那时候新生已经有五个兄弟姐妹了，新生排行老三。新生的母亲在和父亲离婚时，肚子里还怀着第六个孩子。

一个怀有身孕的女子，要抚养五个年龄相仿、嗷嗷待哺的孩子，其困难可想而知。由于母亲照顾不过来，新生被送到了街道上一位姓廖的人家抚养，新生管这家的女主人叫奶妈。奶妈没有工作，早年丧夫，家有一儿一女，就靠给有钱人家带孩子、洗衣服维持一家人的生计。

不久，新生的母亲付不起他的托儿费，要把新生送给别人，奶妈舍不得当时胖乎乎的小新生，便收养了他。就这样，新生被迫过继到了奶妈家。奶妈很喜欢新生，见他聪明伶俐，认为将来一定有出息，于是让他改姓廖，希望他今后为廖家增光添彩。

就这样，原本姓张的张新生改姓廖，变成了廖长光。

长光从小能说会道，很受奶妈宠爱。但奶妈没有什么文化，不懂得教儿育女之道，在奶妈宠爱下的长光从小就调皮捣蛋。“文革”期间，长光“浑水摸鱼”，很快就混成某一派别的“小头目”。那段时间，他谁的话都不听，虽然有时奶妈气急了会打他，但终究还是管不住他。

1968 年，初中毕业的长光，便成为第一批去农村锻炼的知识青年，在农村整整待了 8 年，认识我的时候，他刚回重庆不久。后来听他说，他在第一次见到我时就认准了我。

长光交际广泛，认识的朋友也多。在朋友的引荐下，他最后被安排到城建局下属的一个工厂当电工。不过，长光并不是一个称职的电工，因为他从未学过相关知识，连最基本的欧姆定律都不懂。

20 世纪 70 年代末，那个年代最紧俏的三类职业是：拿杀猪刀的、拿听诊器的、握方向盘的。杀猪卖肉的肯定不缺吃；当医生的肯定少不了好处；驾驶员可利用出差之便，给人们带紧俏商品。为了把我追到手，长光便对我编了个善意的谎言，说他是巴山仪表厂的外科医生。他认为只要我们真心相爱，谎言是能够被理解的。

在一个中秋节，长光壮着胆子邀请我到河边赏月。在月光下，我们尽情地唱歌，那一刻，我觉得自己是天下最幸福的女孩……就这样，我们恋爱了。

那时候，我的两个姐姐都已成家。四姐夫在有名的朝阳大饭店掌勺，后来还成了厨师长；五姐夫后来当上了工商所所长。他们都有让人羡慕的职业。我们家人认为，聪明漂亮又能干的何七妹，找对象起码要找个医生、老师或部队上当兵的，最差也要找个大国有企业里的正式职工。

为了让我们的爱情修成正果，长光继续撒谎。当得知我母亲有心脏病时，他就穿着白大褂、拿着听诊器上门“出诊”，并装模作样地给我母亲检查身体，煞有介事地开药，说心脏病患者要吃一种叫作地高辛的药，其实那药是他事先就打听好的。

长光自以为这样就能瞒天过海，骗过我们全家。但正所谓“魔高一尺，道高一丈”，为了给七妹的幸福保驾护航，四姐夫托朋友调查他这个未来的“妹夫”，发现长光不是什么医生，而是一个电工。就这样，长光“原形毕露”，而我的心情也跌到了谷底。我不是嫌弃他的职业，而是觉得他不应该撒谎。

其实在今天看来，命运对长光实在残酷，如果不是五十年代初家庭遭遇的变故，出生于知识分子家庭的他，肯定不至于沦落到去街道上的合作单位当电工。其实，他原本可以“顶替”母亲到医院工作，但由于他母亲是医院的先进工作者，在全院很受尊敬，这位好面子的母亲担心很早就抱出去的淘气儿子在医院闹事，给她“抹黑”，便悄悄办了退休手续，把“顶替”的指标作废了，并且还把医院分配的房子退还给了医院，致使后来我们结婚时，长光为了房子伤透脑筋。

长光撒下的弥天大谎，让他成了我们家里最不受欢迎的人。我的父母为此十分恼怒，坚决要求我和他断绝一切来往。我也在心里一边咒骂一边发誓，从此不再同这个“假话客”交往。

从那以后，我每次约会都下定决心打算跟他说分手。然而，每当约会时，看到他一如既往地耐心而真诚地教我唱歌、练嗓，看到他如此多才多艺，我又于心不忍了。一听到他弹琴、唱歌，我就把他撒的谎抛到九霄云外去了，只希望这样的日子能继续下去，我根本不在乎他究竟是电工还是医生。然而，每当想起家人的反对，我就又开始有些犹豫。

在随后的日子里，我常常以上班工作忙、父母反对等理由，拒绝同他约会。我原以为在我父母的重压之下，长光会偃旗息鼓，谁知他又不断使出新的招数……

2. 廖长光的恋爱攻略

若干年后，当我们在幸福的婚姻中回忆起过往的浪漫时，调笑间，长光说他用了“三大法宝”才成功，即胆大心细法、温柔体贴法、死皮赖脸法。最后，他以真诚获得了永恒。有三个故事，能充分看出他把这三个“法宝”用得多么出神入化。

第一个故事被我们称为“逮着摸包贼”。那时，我还在六一皮鞋厂上班，也是迫于家人的压力，决定和他分手的时候。我们经常做着“猫和老鼠”的游戏，我躲他追。为了见我，长光经常在厂门口堵我，说有话要和我说。六一皮鞋厂有两道门，为了躲他，我每天下班前都要提前从窗户向外窥视，看他是站在哪个门口。如果他站在前门，我就会从后门跑；如果他站在后门，我就从前门离开。总之，我就是想避免和他见面。这样过了几天，长光发现了其中的“玄机”。如果换作是其他男孩，见女孩这么躲自己，多半早就放弃了。但他不仅没有放弃，反而越挫越勇，并开始和我斗智斗勇。他找了他的一个“拜把兄弟”，两个人一个堵前门，一个堵后门。

有一天，当看见他正在后门翘首等待时，我便赶紧从前门跑了。他那守着前门的“兄弟”发现我后，吹了一声口哨向长光报信。听见口哨声，长光马上从后门飞奔过来。见他追来，我就加快了脚步往前跑，眼看追不上我了，他在后面高喊：“逮到摸包贼。”他这一喊，让我成了“众矢之的”。大街上的人看到我神色慌张地往前跑，又看到他在后面气喘吁吁地朝前追，立即赶来“帮忙”，把我当女贼抓了起来。正当我竭力挣脱并作解释的时候，长光跑过来，对热心群众说：“谢谢你们，没事了，这是我们的内部矛盾，我回去处理。”说完，他以一个“受害人”的身份把我从“革命群众”里“劫持”走了。

这件让人哭笑不得的事并没让我“束手就擒”，虽然我觉得他很聪明、点子多，由于他的谎言给我们全家留下的坏印象挥之不去，所以还是不想接受他。但随后发生的一件事，却开始扭转局面，让我对他有了新的认识和看法。

当时正值我在六一皮鞋厂转正的关键时期。因为我有弹琵琶的特长，才有了转正机会，所以组织上决定考察我弹琵琶的水平。不巧的是，我在工宣队和大家一起彩排节目的前一天，我原来借别人的那把琵琶正好被人要回去了，没有琵琶我就不能参加第二天的彩排，也就很可能意味着我的转正要泡汤。这件事让我急得像热锅上的蚂蚁。

那时，琵琶也算稀罕之物，不可能在一天时间里就能借到。到了晚上，看着外面电闪雷鸣、大雨倾盆，我真是万念俱灰、绝望透顶，觉得也许是天意使然，老天都不让我转正。就在我站在窗前暗自伤心流泪时，突然看见大雨中长光抱着一把琵琶站在了我的窗前。他气喘吁吁、浑身湿透，却把琵琶紧紧护在胸前。当我接过他手中的琵琶，抚摸着上面的雨水，感受着他的体温时，才确信这一切都是真的。此情此景让我记忆犹新，历历在目，过了很多年，长光才说出送琵琶背后的故事。

原来，在文工团当过演员的长光，得知我正为没有琵琶而着急时，也心急如焚。他苦苦思索着到底哪个朋友有琵琶，但始终没有想到。最后，他想起文工团有钢琴、琵琶、小提琴等乐器，便想着给我“偷”一把来。那天晚上，他披着件大衣，仗着和看门大爷关系好，在夜幕和大雨的掩护下，悄悄潜入文工团，把琵琶藏在大衣里拿了出来。

多年后我才得知真相，那时我已和长光喜结连理，虽然知道他“夜袭琵琶”的行为不当，但也着实为他“舍己为人”的做法所打动。转念一想，万一他因此事而受到处罚怎么办？而如果他没有这次“雪中送炭”之举，不是雨夜中的那把琵琶，我是否能接受他？但这一切都是如果，当时的我毫不知情，我心里的坚冰还是被他的执着所融化。

不过，让我彻底做出嫁给长光的决定，是在那之后发生的另一件事。这件事后来又被我们戏称为“飞车夺熨斗”。

那时候，我裁衣服需要用熨斗。不料有天熨斗却坏了，我只好用烧红的铁板当熨斗来熨衣服。这又被长光看在了眼里，他摸摸自己的口袋，确实拿不出足够的钱来买熨斗，便动起了脑筋。看见我家附近斜坡下有家裁缝铺，裁缝铺的主人是一对老年夫妇，又看见他们家用的电熨斗很新，还是上海牌的，他便打起了主意。有一天，他骑着自行车在附近转悠，见那家女主人外出办事，店里只有男主人，便趁男主人转身挂衣服的瞬间，飞骑到店铺，以迅雷不及掩耳之势把放在窗口的熨斗拿走了。

当崭新的上海牌电熨斗出现在我面前时，我惊呆了。当时我并不知道那熨斗是他从别家“偷抢”来的。

多年后我知道真相时，我既感激他又责怪他。感激的是，他能急我所需，我需要什么他就能想方设法弄到什么，虽然用了不正当的手段。但那时的我毕竟只是个涉世不深的年轻女子，所有女孩都有的虚荣心，我也有，那就是希望拥有一个时刻能把自己放在心里的男孩。长光的行为正好暗合了我的虚荣心，他为了我“不择手段”的做法，说明他可以为爱付出一切，向我证明了他是真心爱我的。

责怪他的是，他过多地考虑我的需要，而没有想到给失主造成的伤害。琵琶是单位的东西，被他拿走对文工团的演出影响不会很大，但那熨斗的主人却和我一样是靠手艺辛苦赚钱的，他们和我一样都离不开熨斗。那把十几元的“奢侈品”，或许是那两位老人省吃俭用若干年后才买来的。

但不管怎样，长光对感情的执着应验了那句话：“精诚所至，金石为开。”在熨斗事件发生后，我便和他重归于好了，并且产生了嫁给他的念头。

婚后闲暇时间，我们常常会想起谈恋爱时的种种趣事和糗事。如果放在今天来评判长光当初的行为，他算不上一个合格老公的人选。然而，在当时那个黑白颠倒、是非不分、脑体倒挂的年代，我们也已成为那个特殊年代下最困惑、迷茫的一代，长光那样的做法和想法倒也无可厚非。

后来，长光和我曾一起去找过熨斗的主人，但那老两口的房子已经被拆迁，所以没找到他们。直到若干年后的1982年，当我们准备下海经商时，在一次偶然的机会中才找到那对老夫妇。我们归还了熨斗，并做出了适当补偿，也算是对长光年少时所犯错误的一种弥补吧！

3. 三年：感动与改变

长光的“三件法宝”击穿了我的心石，让我有了嫁给他的念头，但这并不意味着“有情人终成眷属”，因为我家人对他的印象并未改观。家人的反对成为笼罩在长光心头的一块阴影。他知道，我的家人不同意，我就不可能嫁给他。如果要在他和家人之间做个选择，我肯定会选择后者。所以，他下一个攻坚的目标就是我的家人。

在那个年代，沙发算是高档家具。商店里的沙发贵得让人望而却步，所以很多想拥有这件奢侈品的年轻人都开始自己打沙发，这样不仅便宜，而且还结实耐用。于是，聪明的长光找到了打动我家人的“秘密武器”：给我们家打沙发。

父母虽然不同意我和他谈恋爱，但面对一个要免费给家里打沙发的热心小伙，也没能抵挡住“沙发的诱惑”。于是，长光开始托朋友找木料。他一个月的工资很少，根本没有多余的钱，只能东拼西凑，勉强凑够买材料的钱。他又找来一些废弃的钢丝做成弹簧，最后用我给人做衣服剩下的布料做沙发套。

因为打沙发，长光就能冠冕堂皇地出入我家。除了上班时间，他基本每天都来。为了赢得我家人的好感，和我进一步“培养感情”，这沙发做得格外漫长。做了长沙发又做短沙发，还给很多重要的朋友做沙发，整整做了两年。在漫长的打沙发过程中，我和长光也分分合合，有时争吵不休，谁都不理谁，有时如胶似漆，谁都离不开谁。在那个年代，工作和结婚一样，是一辈子的大事。长光关于“工作”的“口误”，也成了我和家人对他顾忌的根源。通过两年的“亲密接触”，长光终于如愿以偿。父母看他很能干，对我也执着，便默认了我们的交往。

自此，我们开始为结婚做准备。这沙发也就成了我们的第一件家具。我们还仿照商店卖的弹簧床和落地台灯“DIY”了一把：弹簧床的弹簧是长光四处搜寻来的钢丝做成的，而落地式台灯，则用一根水管做支架，用几寸乔其纱打了小褶罩在电灯上。不知长光又从哪找来一些零部件，组装了一台收音机和一台 9 寸黑白电视机。那时，正在上演《加里森敢死队》，许多邻居、朋友都跑到我们家来看。

无论哪个年代，结婚时能拥有几件“奢侈品”都让人欢欣鼓舞。如同今天的年轻人结婚要买房买车，“三转一响四大件”是我们那

我和长光：甜蜜恋爱

个年代大部分女性择偶的重要指标，即缝纫机、自行车、手表和收音机。到了20世纪八九十年代，则变成了冰箱、洗衣机、空调和彩电。我们也拼拼凑凑，备齐了结婚的几“大件”。父母见长光尽心尽力为结婚做准备，觉得他是个有心人，便允许我们谈婚论嫁。

从1976年到1979年，长光苦苦追求我整整三年，终于得偿所愿。后来，他说：“直到我们举行婚礼仪式的那一刻，我那颗悬着的心才真正踏实下来。”

虽然我们已步入婚姻殿堂，但并不代表我们家人完全接纳了他。长光在我家受了不少委屈，同为女婿，他始终不能和四姐夫、五姐夫享受同样的地位和待遇。比如，吃饭时的席位座次就有着天壤之别。

由于家里姊妹多，我们吃饭时需要安排座位，而且已经形成习惯。当然，座位的安排并非随意，而是决定于每个人在家里的地位。我和长光结婚后，每次回家吃饭，四姐夫、五姐夫都当仁不让地坐在主座和上座，其他人依次排列。长光往往都是坐在最靠边、最不受重视的位置。吃完饭，他主动去洗碗，也没人和他客气。在那个年代，洗碗的是家里的最底层，而家庭地位通常由他的社会地位决定。

和我结婚前，长光是街道厂的电工，没什么社会地位；结婚后不久又做了个体户，也是当时社会的最底层。因此，从与我正式谈恋爱，到结婚，只要有他在家，洗碗的活自然就会留给他。这种惯例延续了整整四年。“男子汉大丈夫能伸能屈，只要能与何永智结婚，这一切都值了！”这是长光当时的想法。

“三十年河东，三十年河西”，这句话用在长光身上再恰当不过。不甘心做“电工”的长光，充满了无限的创业激情，凭借敏锐的商业嗅觉和宽广的人脉，终于下海创业。随着生意的日渐红火，个体户的社会地位日益提高，长光在我们家的待遇和地位也随之改变。

在那个艰难的年代，幸运的是我们没有一味地抱怨，而是学会了勇敢地去改变。

四、牵手，我们一起走

1. 600元的婚房

看到现在的年轻人谈结婚首先要有房子，我十分理解。所谓家，必须有房子做载体，在我们那个年代也一样。不同的是，我们那个年代并不一定要自己买房，因为很多单位分房，不买房也有房子住。

1998年房改之前，在国有企业和行政事业单位工作的正式职工，缴纳少量租金后，一般都能享受到几十平方米的住房。所以，那时的房子有公房与私房之分，公房是单位上分的福利房，私房才是需要自己购买的房。

可是，这份福利我和长光都拿不到，因为我们所在的单位和所干的工种，决定了我们不可能享受国有单位的福利分房。要结婚只有自己买房。那段时间，我和长光几乎天天都在寻找可以结婚的房子。

人生就是由一个个偶然事件组成。如果没有当初买房的念头，也许就没有我们的以后。我们随后的一切，应该都从那个买房念头开始……

不过那是后话，还是转回到我们为婚房着急之际。

眼看婚期一天天逼近，房子却迟迟没有落实，我和长光都有些着急。正所谓"踏破铁鞋无觅处，得来全不费工夫"。一天，长光去理发店理发时，听到旁边两个人在摆龙门阵，说在小米市运输队楼上有个老太太，原来的老伴是原国泰钟表行的股东，病逝了；现在老太太准备跟长航的一个老伴结婚，有单位分的房子，所以老太太准备结婚前把自己原来的住房卖了。

听到这个消息，长光赶紧告诉了我。不过，长光只是听别人说起，并不认识这个老太太。于是，我们赶紧托人四处打听，了解老太太的情况。经过一番周折，终于找来一个既认识我们也认识老太太的人。老太太说，她这房有人曾出600元买，但她没卖，现在既然是熟人介绍，如果我们愿意，也就按照600元的价格卖给我们。

那时，我所有的工资包括做衣服赚来的钱都交给了父母，自己并无丁点积蓄。而长光每个月的那点工资也只够养活自己。老太太还算通融，说可以让我们先交200元定金，等另外400元交清后她再把房子移交给我们。

我们只得把这消息告诉双方父母，我父母借给我们200元，他母亲也借了200元。定金是有了，但要拿到房，还差200元，怎么办呢？

为了凑齐那200元房款，我们也着实动了心思。那时候，街上流行穿咖啡色海富绒大衣。海富绒属于高档面料，穿起来保暖又轻巧，许多年轻人为了买上一件往往要攒几个月的工资。长光发现这种衣服很走俏，就带我到商店里去看。我把大衣翻来覆去地看了几遍，发现自己也能做。于是，试着先买了几米14元/米的海富绒布料，回到家里就开始凭自己的记忆模仿着做，一个星期只能做一件。

那时的衣服没有商标，商店里卖的只是在衣领上挂着一块布条，上面写着一号、二号、三号等尺寸和规格，我也照着样子那么做。我把衣服做好后，长光就拿到重庆解放碑“三八商店”去卖。他卖大衣很有招数，他提着装有大衣的包，站在商店的柜台前，仔细观察来来往往的客人，如果见有顾客想买海富绒大衣，但拿拿，嫌贵又放下，他便会轻轻地走到顾客面前，拉她一下，悄声说：“是不是想要又嫌贵？”顾客还没反应过来时，他又把人家拉到一边，神秘地说：“我手上正好有一件，本来是买给我姐的，可她长胖了，没办法穿。如果您想要，我可以便宜一点卖给您。”

人家自然抱着不信任的态度。这时候，长光就会把包打开，让她看大衣，顾客看着、摸着，发现和商店里卖的没什么两样，很快就买下了。就这样，我做衣服，他拿去卖。我们卖一件赚 25 元，很快就攒够了 200 元。最后，我们用 600 元买下了小米市运输队楼上的 30 平方米房子，终于拥有了属于自己的“小窝”。

现在看来，600 元钱根本不算什么，但在那个很多人的工资只有 18.5 元的年代，已经算是天文数字了，花 600 元买房也是件很了不得的事。

1979 年，我们终于在那个 30 平方米的房子里结婚，平平淡淡地过了三年。1982 年 4 月，女儿廖韦佳也在这个房子里呱呱坠地。

2. 疯狂之举：大房换小房

1982 年，重庆的房价开始猛涨，原因是上一年重庆发生了百年不遇的特大洪灾，许多房子被大风吹垮、被洪水淹没。

1982 年 6 月的一天，长光突然告诉我：“我们住的那个房子能卖 3000 元钱，我准备把房子卖了。”

“3000 元？怎么可能？！”当时，3000 元可是天文数字，我当时的震惊程度可想而知。我不相信他的话，也舍不得把房子卖了，因为实在来之不易。而且，女儿刚刚出生，那小小的房间里，有我们无数温馨的回忆。如果把房子卖了，我们一家三口住哪里呢？

长光安慰我说：“我们 3000 元卖了那个房子，可以再花几百元买个公房。而且买公房还有个好处，哪里坏了，有单位负责维修。可如果私房坏了，只能自己出钱修。”我一想也对，便很不情愿地答应了，但心底里依然希望这件事泡汤。没想到，长光真的把房卖了，还拿回了 3000 元钱。

那时候，有几个人见过那么多钱？可拿着那一堆钱，我又发起愁来，因为我们没有自己的“窝”了，我只好带着丈夫和孩子回到我的娘家。那时，我弟弟当知青刚从农村回来，家里根本没有我们的住处。实在没办法，我和长光就住在父母家那仅有 3 平方米的厨房里，女儿则放在长光的奶妈家带。每天晚上，我们把厨房里的灶具搬到过道上，再在里面放上一块门板，凑合着睡下。

就这样，一晃两个月过去了，长光几乎每个星期都去赶房市。但一般出售的都是私房，而且价格又高，根本不可能买，但公房又没有出售的。为此，他也伤透了脑筋。

那时的八一路是重庆最有名的商业街，里面做什么生意的都有。见里面有些门面在出售，长光在几个朋友的撺掇下，干脆用手里的 3000 元换了一个 16 平方米的门面。当时，我并未意识到门面房如此昂贵，只是想着 3000 元原本可以换一个更大的房子，他却只换了个 16 平方米的门面。

好不容易有了 3000 元，想换个大房子，哪知道却换个小一半的房子。长光的做法遭到了我们全家人的责难。但他解释说：“八一路上的那个门面白天可以做生意，晚上可以住人。现在正值改革开放，经商做生意的人也越来越多，很多人都因为经商变得富裕了。”

既可以做生意又能住人，还真是一举两得。假如生意好的话，说不定很快就能把买门面房的钱赚回来，这么一想，我的心也就踏实了。

我一直觉得，长光在房地产上有着天然的嗅觉。如果说他在转手腾挪之间将600元变成3000元只是小打小闹的话，那么在2000年，因为八一路要改建高楼，18 年前花 3000 元买的小店获得了 227 万元的拆迁补贴，就不能不说是一个不小的收益；如果说这些都只是偶然事件，那么在 1995 年我们负债累累之时，他力排众议开办小天鹅宾馆，并在宾馆开业一年后就获得了小天鹅火锅店 10 年的利润，是不是也能证明他在房地产上有着灵敏的嗅觉？

他把婚房换成小门面房时，我想，长光在工厂里与其不能当个好工人，还不如“下海”，说不定可以当个好商人。我知道，舒适安稳的日子到头了，我要开始冒更大的风险来帮助他“下海”了……

3. 两难的选择

1982 年是中国改革开放 4 年来私营企业发展最为活跃的一年，媒体上经常能看到“螺丝大王”“电器大王”等创业致富的消息，牵动着无数不安分的心。一直渴望经商的长光再也按捺不住了。

知夫莫若妻，他不属于那种喜欢在单位上班过平静日子的人。在嫁给长光的那一刻，我就已经做好了“嫁鸡随鸡，嫁狗随狗”的准备。只要他做的事是为了我们这个家，只要不违法犯法，我都支持。我一直觉得他头脑灵活，是块经商的料，何况他并不喜欢当电工，上班也是三天打鱼两天晒网，工资更是少得可怜。不过，那毕竟是个“铁饭碗”，在当时依然是许多人梦寐以求的，要彻底砸掉它，还需要一定的勇气。

但这个“铁饭碗”有点像鸡肋，食之无味，弃之可惜。这一砸，很可能连退路都没了。在我为他权衡利弊时，长光却下定了决心：“依我看，下海经商是大势所趋，断了退路更好，这样就能义无反顾地做生意了。趁现在下海经商的人不多，我们先人一步就能抓住更多机会。”

看到长光破釜沉舟的豪气，我选择了支持，但一想到辞职必须要有家属签字，我又犹豫了，因为我已怀上了第二胎。那时，国家已经开始实行计划生育政策，每对夫妇只能生一胎，多生的不仅要罚款，有工作的还要被开除，经商的要被吊销执照。我那时在六一皮鞋厂上班，长光又正要经商，如果别人知道我怀孕，不仅我的工作保不住，长光连经商的营业执照也拿不到。思虑再三，我含着泪偷偷去做了流产手术。当时，真是万般不舍，因为我和长光都想再要一个孩子。

刚做完手术，我脸色苍白，硬挺着和长光去他们单位办辞职手续，他的领导不停地提醒我们考虑清楚。我们相互望了一眼，坚定地说："我们想清楚了！"

对于他的辞职，我们自始至终都未后悔过，遗憾的是没能再生一个孩子。其实，在女儿四五岁时，我又怀孕了，也想着把孩子生下来，哪怕去乡下躲一阵。那时，长光跟朋友一起开公司，只有我在经营小天鹅。如果我去乡下生孩子，刚刚上了轨道的小天鹅怎么办？我也曾想，找在工商所工作的五姐夫，打通关系让我把孩子生下来，但他为人正直，说什么都不愿意开这个后门。继续经营小天鹅，还是去乡下生孩子？这是我一生中非常重要、非常艰难的选择之一。为了保住小天鹅，我只好再次流产。从此，我完全打消了再生孩子的念头，集中精力经营我的小天鹅，我要把对未曾出世的两个孩子的爱都倾注在小天鹅身上。每当夜深人静，回顾自己的一生时，孩子都是潜藏在我们夫妻内心深处未了的心愿。

辞职后，长光好像完全变了一个人，每天都精神焕发地张罗着生意上的事。那时候，八一路是百货街，长光也想和那些人一样，去朝天门码头拿货，做一些服装、皮鞋、小百货一类的生意。经过一番精心准备，我们的小店很快开张了。

当时，我母亲已退休，我们请她坐镇看摊。让我记忆最深的是，长光在朝天门买的衣服，拿到八一路来卖，几个小时我母亲居然赚了 5 元钱。在那个物质生活极度贫乏的年代，这 5 元钱让我母亲高兴了很长一阵。

按理说，我有做衣服的特长，要是我做衣服，肯定比他去批发市场进来的货好卖。但那时正好是我们厂里情况最好的时候，作为厂里的骨干，我不能丢下工作去干私活。再加上厂里花钱送我出去培训过，回来不为厂里做点事，怎么说得过去？其实，我也动过辞职的念头，想去帮他。但当我试着提出时，皮革公司的老总亲自到厂里给我做思想工作，他说："小何，你现在是全厂的技术骨干，再干些日子就可以成为厂里的专家甚至技术权威了，你聪明、好学、善于创新，前途无量，怎么会想着去当个体户呢？！你要真去当个体户，不仅我会为你惋惜，是全厂职工也会为你惋惜的！"长光也说："你在单位有发展前途，好不容易凭自己的能力做到技术员，千万别放弃。"

我没有辞职还有另外一个原因，尽管当时辞职经商已经成为一种潮流，但人们在骨子里还是瞧不起个体户。有两件事至今让我记忆犹新。一个是在工商所工作的五姐夫，本来每天下班都要经过八一路，自从我们在那儿"练摊"开始，他怕丢人，便绕道而行。另外一个就是长光的弟弟，虽然有段时间他上大学的费用都是我们提供，他对我们也是恭敬感激有加，但长光辞职下海后，他觉得没面子，便不再和我们来往。20世纪80年代初，大家有这样的反应，我们都能理解。随着个体户地位的提高，人们的看法也在逐渐改变，从起初的不解、不屑，到羡慕，甚至刮目相看。

长光的百货卖得不错，但只做了三个月，政府便下令将八一路改成好吃街，专做饮食生意，让所有做百货生意的都搬到离八一路不远的五一路去。去五一路继续做百货，还是留在八一路做餐饮？经过一番痛苦的思想斗争，我们决定响应政府号召在八一路做餐饮。

做餐饮也分很多种，到底要做什么？小吃？炒菜？拿不定主意的我好像闻到了火锅的味道，那是我最熟悉不过的餐饮了。

"就火锅了！"我很快做出了决定。很多创业者在选择创业项目的时候都会犹豫不决，毕竟每个行业都存在着竞争，都暗藏着风险，都意味着艰辛。我选择火锅，一是门槛较低，二是市场广阔，三是我自己喜欢。其中最后一点尤为重要：创业者如果选择一个连自己都不喜欢的行业，那失败将是难免的。

当我把开火锅店的想法告诉长光时，他举双手赞成。

4. 3 张桌子、3 口锅、3000 块钱

16 平方米摆不下 3 张灶，摆 1 张，我不同意。

两张在里面，一张在外面，搭了个棚子。

全家人都在做生意……

第一个月、两个月、三个月都在亏本……

创业艰难百战多。确定下来开火锅店后，我们面临的第一个问题是：16 平方米的店面，能做多大规模？

为此，我们召集兄弟姊妹开会商量。四姐夫当时在餐厅当厨师长，在餐饮方面很有经验，可他对我们的火锅店并不抱希望，还说做餐饮很辛苦，你们未必能受得了那个苦，甚至担心我们“雷声大雨点小”，最终落得个“损兵折将”。最后，他建议说：“你们两个根本不懂餐饮，怎么做火锅生意？既然要做，也不要铺得太大，先摆一张桌子试试，万一不行也不至于亏太多！”

1982 年，八一路第一家小天鹅门头照

其他兄弟姊妹也纷纷附和。我们还没做，自家人就开始泼凉水，换作他人，说不定早就打起了退堂鼓。可我和长光没有丝毫退缩，我甚至还说：“地方本来就不大，更不能把有限的空间浪费了，一定要物尽其用，至少要摆三张桌子。我们不仅会坚持做下去，而且还要做好做大！”我在心里暗暗发誓，一定要靠这三

张桌子、三口锅起家，把爱吃火锅的重庆人的胃口都调起来。

就这样，我们开始往 16 平方米的小店里摆桌子。那时也没想到去装修，只是把地面和墙壁清扫干净而已。店面太小，摆三张桌子实在困难，我们便在开门做生意时，把一张桌子的一半放屋内，一半放屋外。关店时，再把这张桌子挪回屋里，而我们只能打地铺睡觉。

看着摆好的家什，我和长光都有些忐忑。虽然火锅我非常熟悉，知道怎么做，但客人喜不喜欢吃，会不会来吃，还是一个未知数。而且我还要上班，只能在休息的时候来店里，长光能撑得住吗？

虽然前景无法预测，但我们都很自信乐观，这小小的 16 平方米店就是我和长光共同的事业，如同我们的孩子一样。既然是我们的孩子，就一定要给它起个好听的名字。我们的女儿名叫廖韦佳，这个名字包含了我和长光的期望，希望她一切都佳，一切都好。那么，我们这个和廖韦佳同年出生的孩子——火锅店，又该叫什么名字呢？

当时，很多餐饮店的名字都喜欢叫某某村、某某园。这样的名字对受过艺术熏陶的我们而言，实在不入耳。虽然想了一些名字，不是好听但没有寓意，就是有寓意但不好听，都不是很满意。给小店取个好名字，成了那段时间我们朝思暮想的事。

我们俩给火锅店想了很多名字，但没一个满意的。他拿出小提琴，开始给我拉活泼、欢快的《小天鹅》圆舞曲。那优美的音乐，顿时让我陶醉起来。突然，他停了下来："不如我们的店就叫小天鹅吧！"

我一怔，他继续说："小天鹅虽然小，却很美，而且小天鹅是可以长大的，当它翅膀变硬了，就能展翅高飞。"长光说话的时候，眼神炯炯有光。我一想，这名字不但好听，还很独特，更主要的是寓意不错，马上就同意了。

那时候做招牌只能自己动手，我们既没用铁皮也没用木板，就找了块泡沫，用小刀在上面锯了"小天鹅"三个字。为了让它看起来更显眼，我们又用红油漆刷了一遍，然后用钉子钉在了门框上方。

看着红艳艳的“小天鹅”三个字，我们兴奋了好长时间。随后，我们领了营业执照，正式开业。

没想到开业之初，遭遇连续亏损。小天鹅刚开张的时候，我还在童鞋厂上班，属于“半下海”，长光已辞职，属于“全下海”。当时为了保证小天鹅的运转，我把刚刚出生的女儿交给我妈带，自己每天上班前先去买菜，中午抽空回到店里照料，而晚上下班后，我更是把所有时间都放在店里。

兄弟姐妹对我们夫妻这种经营状态并不看好，但看到店开起来后我忙得团团转，一有时间也都来帮忙。开张一个月，虽然辛苦忙碌，但还是亏本。亏一个月我们还能承受，毕竟生意是慢慢做起来的，很多人可能还不知道我们这个店，而且，我们也没有任何经商经验。那时，我们没有想到问题的真正源头是在管理上。表面上看，我们店里每天干活的人很多，但由于没有明确分工，每项工作都没有落实到具体的人身上，大家要么一窝蜂去做同一件事，要么一件事没有任何人去做。而且，由于第一次做餐饮生意，大家也没有意识到服务的重要性。更因为大家都只是来帮忙的，所以缺乏相应的责任心和积极性。

重庆人做生意重“吆喝”，有句话叫作“赔本赚吆喝”，这个“吆喝”实际上就等于是在给自家店“打广告”。但我的兄弟姊妹都好面子，根本不好意思大声吆喝来招揽生意，偶尔有顾客来了，也没有人去热情接待，对顾客的口味和其他需求就更不知情了。做到第二个月的时候，又是亏本。看着小天鹅整天冷冷清清，没有几个顾客光临，我们都有些束手无策，我当时也没找到原因，只是日出而作日落而息，忙忙碌碌中把好生意寄希望于新的一天。

但结果依然不遂人愿，生意变得越来越惨淡。兄弟姐妹也都不再来帮忙。实际上就是来帮忙，又能帮什么呢？顾客都没有。我每天只能是抱着满满的希望开门，最后又带着深深的失望关门。

第一个月惨淡经营，第二个月惨淡经营，第三个月依然是惨淡

创业时期，异常艰难。图为我带着女儿佳佳一起创业。

经营。一连三个月亏本，使我和长光都快沉不住气了，再这样下去，我们将可能倾家荡产了！

正好长光的一个朋友想找他一起开公司，他寻思着小天鹅没什么生意，再加上周围人也笑话他“新生，你这么大个英雄好汉怎么开起火锅了”，便想和朋友去做生意。面对这种情况，我心乱如麻，甚至觉得小天鹅就要关门大吉了。那段时间，我经常晚上睡觉都睡不踏实，想哭但也哭不出来，一种莫名的心悸经常涌入内心深处。

怎么办？店面是买下来的，不做火锅又能做什么？这条街上除了做餐饮，其他一律不能做，总不能关门让门店空着吧。那样我所有的梦想和希望都会付之东流。那买大房子、有五万元存款的愿望就真的不可能实现了。这时候，我的兄弟姐妹也开始劝我：“你把店卖掉，回去好好上班算了。”我犹豫着，在心里不停地对自己说：“再看看，好好再做做，努力一下，看会不会有转机。”

或许是上苍怜悯我的艰辛，果然，我的坚持有了效果。

我记得很清楚，那是个星期天，小天鹅的营业收入竟然达到了200元！这是三个多月来，做得最多的一次。因为那天不用去厂里上班，我一大早就去买了菜，并在餐馆里忙碌起来。快到中午的时候，来了两三个客人，他们说是第一次来这里，想吃吃看味道如何。我赶紧热情地招呼他们坐下，又给他们端茶倒水。那时候，我很感激他们进我店里吃饭，根本没想着怎么从他们身上赚钱，只是想如果我尽量让他们满意了，他们下次还会再来。

本着这样的想法，我在给客人称配菜的时候，不光把水分全挤干了，而且还让秤杆高高“翘起”。在给客人调味的时候，我又事先去尝一下，味道不足再加料，直到自己觉得味道很好才罢休，根本不需要客人自己提出缺调料。客人吃到最后，由于加了热汤，发现味道淡了，我便又连添两瓢调料，让他们把剩下的菜也都吃完……就这样，那几个客人吃得心满意足，对我赞不绝口。那几个客人的大肆饕餮，以及我在门口的大嗓门吆喝，很快就吸引了一些正四处寻找餐馆的食客，他们先是犹犹豫豫，试探着进来，但吃过后，全都高高兴兴地离开了。那天中午，一连来了好几拨顾客。

那是我们开业以来生意最好的一天，也是我最高兴的一天。那时候还没有一百面额的人民币，五十的也很少。那天晚上，我把厚厚的一摞营业款摆在面前，看着由十元、几元、几毛、几分组成的一堆钱，我和长光早已按捺不住心中的兴奋，数完大叫：“天哪！竟然有200多元。”

那天扣除成本，我们净赚60多元。现在的60多元当然不算什么，但那时却相当于我们两人在单位上班一个月的工资之和。抱着那堆钱，我们比中了彩票还要高兴。这既是对我们下海创业的肯定，也是对我们挣钱方式的肯定，说明我们发家致富有戏！那一夜，我和长光彻夜未眠。思来想去，我最终做出了辞职下海的决定，我要投入所有的精力，一门心思来打理火锅店。

1982年11月我正式辞职，全身心投入到了小天鹅中去。

有时候我在想，也许我今生注定与火锅有缘。如果我当初没有开火锅店，随着鞋厂效益的下滑，我最终会成为下岗工人，我也许也会和其他师傅们一样，加盟到个体皮鞋厂当设计师，或者自己开个皮鞋店；抑或因为会做衣服去开一个服装店，甚至会成为一个成功的服装设计师。

人生没有回头路，但人生有太多的机会在等待着你。创建小天鹅对我来说，可以算得上是一次机会，但如果在最艰难的时候选择放弃，我敢肯定，小天鹅绝对没有今天。这也让我真正明白：有时候人最需要的就是坚持，熬过黎明前的黑暗，就一定能够赢得光明。

肆

小天鹅“火”了

和小天鹅同时期的火锅店，到目前绝大部分都销声匿迹了。而小天鹅从一个小店起步，历经近 40 年不到，就进入中国民营企业 500 强，成为全球最大的火锅连锁管理集团。这背后的秘诀是什么？我认为是创新。做餐饮，不变就是等死。在火锅行业，小天鹅开创了五个第一：第一个使用液化气及抽油烟机；第一个发明“鸳鸯火锅”“子母火锅”；第一个推行火锅自助餐；第一个开发研制火锅配方；第一个推出大型民族歌舞伴餐……

一、八一路上飞出的小天鹅

1. 来吃火锅的人“轧断街”

“日暮长街吃火锅，家家扶得醉夫归”，这是重庆在抗战时期作为“陪都”时吃火锅的场景。一分利的生意经，换取百分之百的回头客。不管是我八一路的店还是我道门口的小天鹅自助餐火锅，我的这种颠覆“奸商”的经营理念，让小天鹅的生意越做越好。长光说：“我都没想到，每次我回来，都会看到客人们排着长长的队在等待。”有些人为了吃我的火锅，不惜排队等候一个多小时。八一路上曾经的三张桌子，已经不够用了，我们不得不把桌子支到马路上去，一支就是五张。

生意好起来后，每天来小天鹅的客人都是一拨连着一拨，前面一拨还没吃完，后面一拨已经有人等位了。这拨刚吃完抬起屁股，马上就有另一拨人坐了上去，根本没有空闲的桌子。重庆人喜欢三个一群，五个一组，相约着、吆喝着来吃火锅。有时候看客人等得实在着急，我还灵机一动，采取“拼桌”的方法。比如这个桌子上有 2 个人，另一张桌子上也有 2 个人或者 3 个人，我就想办法把这两张桌上的人拼成一桌。

当然，我也不可能强行要求客人和不相识的人凑一张桌子，那样很可能会发生争吵。所以每次“拼”桌之前，我都会先征求他们的意见，然后想办法“安抚”他们，征得他们的支持，比如多给他们加盘粉条或蔬菜等作为弥补。假如不采取“拼桌”的方法，很多客人会因为等得太久而走掉，有的客人甚至会因为总也吃不到而从此不再来。他们不来我就赚不到钱，做餐饮本小利薄，经不起半点折腾，不动脑筋想点办法根本不行。

如今回忆起当时马路上吃火锅的壮观场景，我还是禁不住会惊叹。而且那时候，我旁边的店里根本就没有生意。有人很形象地说，来我们小天鹅吃火锅的人“轧断街”。意思是说，客人多得能把那条马路轧断。

记得有一天，正是营业高峰，突然雷声大作，倾盆大雨瞬间就下来了。太阳伞只能遮住锅里的汤却不能为客人挡雨。我想：“撤了算了，没吃好的也不收钱。”可有两位重庆诗人却硬是不愿撤，还让我给他们找来了伙计早上买菜用的斗笠和蓑衣，说在大雨中吃火锅别有一番风味。看着两个人在风雨中把啤酒瓶碰得叮当响，喊着过瘾、过瘾。那一刻，我激动得差点哭了。

小天鹅当年生意的火爆情景，现在很多人依然记忆犹新。有时候，猛地在某个地方遇到一些人，他们总是说：“你是小天鹅的老板娘吧，那时候，你的生意好得不得了，屋里屋外都是人，为了吃上一次小天鹅的火锅，我们几个人轮流去排队。”之所以来小天鹅吃火锅的人能“轧断街”，除了火锅味道好，分量足外，还有一个原因就是我的服务态度好。我对客人总是会笑脸相迎，因为我觉得让客人产生宾至如归的感觉是我们服务行业的责任。服务行业有句话，叫作“我为人人，人人为我”。你能站在客人的角度替他着想，让他满意，那么反过来，客人就会源源不断地来到你的餐馆。

当生意好到一定程度，由于人手不够等各种原因满足不了食客们的需要时，再不想办法解决，就很可能让生意走向衰败。所以一直以来，任何事物只要走到了顶端，我都会马上警觉起来，想着怎么转变。记得有一次，一批客人提前五天开始预订，说是要请外地来的客人吃火锅。但最终还是因为桌子太少、客人太多，没有轮到

创业初期，我和长光齐心协力、同步前行

他们。客人既失望又有些抱怨地对我说：“你生意这么好，怎么不多开一家店嘛。”

顾客就是上帝，上帝提前五天预订都没能吃上我的火锅，我的心里非常过意不去。他这句抱怨的话，也深深地印在了我的心里，我觉得是时候改变现状了。这位客人当时离开时，还给我推荐了个地方，说可以在道门口开一家店，离我八一路的店搭计程车只需要十五分钟。那天过了吃饭高峰期，我专门去道门口看了看。最终，我真的把火锅自助餐开到了那里。为客人着想，记住客人所需，就是我的生意做到轧断街的原因之一。

当初，八一路是最繁华的商业街，许多重庆小吃都汇聚在那里，热闹非常，但这条街到今天为止真正发展起来的也只有一个小天鹅，其他门店随着时间的推移都慢慢消失了。在我的小店实在非扩张不可时，我陆陆续续把那栋楼的二楼、三楼全都买了下来，然后把那栋楼装修成了一座很有规模的三层火锅小楼。从刚开始的十六平方米小店，到后来一百二十多平方米的三层火锅小楼，我们只用了两年时间。

1988 年，我们又开了除八一路及道门口火锅自助餐店外的第三家店，地点就定在了观音桥。我当时决定在观音桥开分店，就是因为看中它的发展势头。

据说在很多年前，观音桥还只是个小水沟，由于有水源，周围逐渐形成了三五住户的小村庄。后来由于人畜饮水的需要，村民又给小水沟修了简易堤坝，并给它起名洋河沟。洋河沟两岸灌木丛生，杂草如麻。慢慢地，洋河沟一边的人越来越多，并自然形成了一条街，街上逐渐有了小铺，主要经营蓑衣斗笠、锄犁煤布、油盐酱醋等日用品。因为有洋河沟的隔离，河对岸的住户想到街上来很不方便。于是，一位姓苏的善人牵头，在小河沟上修了一座几米长的小石桥。人们感受到了苏善人给大家带来的温暖，便又凑钱在小桥头放了一尊高不足尺的观音菩萨。从此以后，人们称这座桥周围的地方为“观音桥”。六十年代以前的观音桥并不繁华，还只是一派市郊乡村景象。随着 1966 年嘉陵江大桥的建成通车，观音桥地区才慢慢热闹起来，江北区的商业中心也开始由江北城向观音桥转移。

观音桥的那个店比八一路和道门口的店都大，有八百平方米。而且不管从规模上还是装修上，观音桥都比其他店高档很多，甚至可以说有着天壤之别。

2. “鸳鸯火锅”诞生记

在我不断的努力下，生意慢慢好了起来，我的信心也更足了。不过，真正让生意红火的，应该还是我的发明——鸳鸯火锅，这也是改革开放的重要成果。

重庆火锅的特点就是麻和辣，在我开店的那条八一路上面，有条街叫五一路，再上面是新华街。当时，八一路是饮食一条街，五一路是电器一条街，新华路是服装一条街。改革开放后，五一路和新华路上来了很多外地人在这里做生意，大多是广东人和浙江人。重庆人喜欢吃火锅，不怕辣，但那些广东人和浙江人却很怕。再加上重庆人请外地人吃饭时，大多也会选择吃火锅，因为火锅热闹，气氛好。

然而，每次看到那些外地人，特别是北方人看到红艳艳的锅底望而生畏的样子时，我就会端一碗清水放在他们手边。这样在他们吃的时候，就可以先从红汤里夹出来，再放到清水里洗一下，吃起来就不那么辣了。不过，这样虽然吃起来不辣，但火锅的味道也几乎洗没了。

直到一个星期天，我去舅舅家为他庆生时忽然受到了启发。那时，去舅舅家需要从朝天门码头到南岸，因为当时重庆还没有一座桥，所以必须坐轮渡过去。

轮渡拥挤，我只能站在船的边上。开到长江、嘉陵江汇流时，起了一个旋涡。

当我坐上轮渡到了江心，突然看到长江的水和嘉陵江的水是两种不同的颜色。长江的水很黄，但嘉陵江的水却很清澈，两种颜色的水泾渭分明，既和平相处，又互不干扰。而将它们分开的是一个旋涡。

“真是个奇观！”我喃喃着。猛地，我想到了我的火锅。重庆人爱吃辣、南方人不吃辣，这不就和长江水和嘉陵江一样吗？既然长江水和嘉陵江用一个旋涡就能分开，那两种不同的口味，是不是也能在一个锅里，又不混在一起呢？

这个想法让我兴奋至极，一路上都在想着怎样让一个锅里既有红汤，又有清汤。回到店里，我拿起一口锅反复地琢磨。最后，我灵机一动，拿着锅找到了八一路街道转角处一个敲锅补锅的小贩，让他在盆的中间给我焊了一个“隔”。这样一个锅就分成了两个部分，一边放红汤，另一边放清汤。

放红汤的可以是麻辣味的，但清汤又要用什么呢？我想起了南方人的饮食喜好，于是就用骨头、鱼头、童子鸡等来熬，这样即使一桌子既有重庆人也有南方人，他们也能想吃麻辣味就吃麻辣味，想吃清汤滋补味就吃清汤滋补味。

“一锅两味”的锅有了，两种不同的汤也有了，我马上开始试验，但很快又发现了另外一个问题：红汤和清汤在同一温度下，红汤很容易煮沸，而且沸得很高，很容易就溅到了隔壁的清汤里，一会儿时间，清汤也不清了。怎么办？为了解决这个问题，我又陷入了思索。不久，我便想到，只要在中间隔板处，再给两边加个沿，一边的汤不就溅不到另一边了吗？两种不同的汤紧紧依偎着在一个锅里存在，这不就好比鸳鸯吗？我马上用铁皮剪了对鸳鸯，焊在了隔板中间。这不仅解决了红汤溅到清汤里的问题，而且因为这对漂亮奇特的鸳鸯，这锅也变得浪漫起来，一些人惊喜地叫它“鸳鸯锅”。就这样，“鸳鸯火锅”叫开了。

然而，焊在隔板上的鸳鸯虽然好看，但如果不注意就很容易划破手。于是我们又开始改良，让它没有那么多的齿，慢慢地，鸳鸯火锅就演变成了现在的八卦、阴阳形状。锅虽然经过了演变，但名字却一直没有变，依然叫鸳鸯锅，并没有叫成八卦锅或太极锅。我想，也许是鸳鸯锅这个名字寄托着人们对美好感情的祝愿吧。

就这样，一口锅一分为二，一半是红汤，一半是清汤。清汤里放着红枣、枸杞，淡黄中带着红色点缀；红汤里放着一些小葱，红中漂绿，煞是好看。这种火锅一经推出便立刻引起了轰动，更是引来食客无数，其他做火锅生意的店也纷纷开始模仿，先是在重庆，接着是在成都，最后蔓延到全国。

我记得上海《文汇报》曾为鸳鸯火锅做过一篇报道——《最简单的创意，最赚钱的革命》。确实，鸳鸯锅的发明，像是给我的小天鹅插上了翅膀，使我的生意越来越好。更重要的是，鸳鸯火锅的发明，可以说是重庆火锅史上的飞跃，是我对重庆火锅的一种贡献。

3. “20 元，随便吃”：首创火锅自助餐

鸳鸯火锅只是创新的开始，不久，我又开始尝试各种能达到双赢目的的经营方式……

对第一次来吃火锅的人，我会教他们如何吃，并给他们配菜。久而久之，很多人都习惯于我的代劳，一进餐馆就高声喊“老板娘，配菜”。

在每天的人声鼎沸中，我也在暗中观察每个人的消费，以便能对每天的营业额心中有数。几经观察之后，我发现了客人们的消费规律：吃得少的客人一般消费十八九块钱，吃得多的也就在二十三四块钱左右，平均下来就在十八九到二十五六之间。与其让我给他们配菜，为什么不让他们自己配菜呢？

于是当一个老顾客高喊“老板娘，配菜”的时候，我就随意回答说：“哎呀，这样吧，干脆 20 块钱一个人，你随便吃。”

“随便吃？老板娘好大方。”他以为听错了。那天他吃得特别开心。

后来我仔细一琢磨，“20 块钱随便吃”其实是可行的，菜可以无限，但是人的肚皮有限，对于客人来说，他们感到的是价格合理，实惠。更为可贵的是，当时有些火锅店存在乱算账的问题，顾客总是不放心，现在 20 元的“统一价”，就彻底让顾客打消了这个顾虑。

于是，我决定推行这种方式，并称之为自助餐火锅。

自助餐火锅刚一开张，我的这种新颖方式立刻吸引了大家的注意，大家觉得很是新奇，一传十，十传百，生意进入了鸳鸯火锅发明后的第二个高潮。记得生意最好的时候，一台能坐八个人的座位，有时一个中午竟然会坐上三拨不同的客人。客人太多，我要不停地招呼，把嗓子都喊哑了。

令人欣慰的是，这种火锅自助餐并没有昙花一现，而是呈现出了长久的生命力。如今，各个品牌火锅自助餐的生意依然火爆，看来，这种实惠的餐饮形式，真是做到了顾客的心坎里。

刚开始实行时，很多人都说这老板娘太傻了，随便吃还不把她吃垮了？可我知道，饭量有大有小，即使饭量再大的人，也不可能无止境地吃，毕竟肚皮是自己的。果然，这不仅没把我吃垮，还让我赚到了钱。做生意掌握顾客的心理很重要，诚信更重要。改革开放初期，很多人做生意不讲诚信，为了赚钱不择手段，对顾客不“宰”即“骗”。当时许多做餐饮生意的店主因为赚钱心切，不惜采取短斤少两，菜品水分多或者故意算错账的方式来愚弄顾客。这些店主没想到，他们这种贪图蝇头小利的赚钱方式其实是自斩后路。正所谓“货比三家”，顾客不是傻子，哪有反复被你“宰”的？

我辞职决定全心全意经营小店时，就想到了这一点：我要诚信经营，把顾客当成自己的亲人来对待，我要的不是一锤子买卖，而是回头客。

俗话说：“头三脚难踢。”为了让顾客感受到我的诚意和热心，让他们吃得放心，吃得满意，我也使出了浑身解数。这些获得“回头客”的招式，现在仍然是我最宝贵的经验。

我的第一招就是舍得放佐料——大瓢大瓢地加。对于用牛油炼制的好调料，很多店家都是能省就省，可我每次给加的时候，都是一放一大瓢。而且还会边加边说：“只要你们觉得味道好就行，需要再加就说。”客人来了第一次，觉得味道好，第二次又来了，我照旧这样做。慢慢地，这些客人就会对别人说：“小天鹅的老板慷慨大方，去小天鹅吃火锅简直就是享受。”这样一传十十传百，我很快就获得了好口碑，客人也随之多了起来。

未实行自助餐之前，我在那个年代的第二招是从不“耍秤杆”。吃火锅时，客人要先去选菜，然后用秤称需要多少钱。我每次在给客人称菜时，无论他们点多点少，我都会先把水挤干，让客人觉得货真价实，物有所值。绝不像有些黑心老板那样，给顾客秤菜的时候，菜一半，水一半，一顿饭下来，客人不但没吃好，还花了很多冤枉钱。我个人觉得，这样的老板就是傻子，因为客人这次吃了亏，下次肯定不会再光顾，而且说不定还会到处宣扬，说这家店的老板很黑心，这样的店怎么可能做得下去？做不下去自然也就不可能赚到钱。

我的第三招就是从不乱收钱。我发明火锅自助餐，推出 20 块钱一位的自助餐，只要交 20 元就可以随便吃。这会让客人觉得在小天鹅吃火锅，不仅味道和数量上“心中有数”，在价钱上也“划得来”。正因为这样，自助餐自推出后很快就被一传十，十传百地传开了，许多人慕名前来就餐。每天排队吃火锅的盛况简直可以成为这条好吃街上的一道亮丽风景。我们几乎每天都要加桌，为了吃到我的火锅，有人甚至还会提前好几天来预订。

做生意就是做诚信，只有诚信我们才能站稳脚跟，只有诚信才能做大做强。正是这个朴素的经营理念，让我的小天鹅火锅红遍八一路，红遍重庆……

4. 荔枝味火锅的发明

在鸳鸯火锅火遍全国时，我没有因这个发明就坐享其成，又研发了一种适合大多数人口味的火锅配方，这就是微甜、辣而不燥的“荔枝味”。

中国人的菜品总体偏咸，但十分讲究五味调和，“辣、麻、咸、甜、鲜”一味都不能少，每个地方的菜品又都会根据其地域的饮食习惯调制出适合当地的滋味来。比如，同样都好辣的重庆四川和湖南，他们的侧重点都不同，重庆四川重麻辣，而湖南偏重香辣。

为了让小天鹅火锅的发展不局限于本地，我们在融入当地饮食风味的同时，还要顾及其他地方的人，并加以整合。只有这样，才能使小天鹅的口味在适合全国饮食习惯的同时，兼具地域的风格特点。重庆火锅这种极麻极辣的味道虽然让一些人大呼过瘾，但也让另一部分味淡的人受不了。为此，我又尝试着创新，想着怎样中和一下。我想到了添加醪糟的麻花，香脆松酥，吃后有醪糟的香甜，回味沁心。醪糟是深受重庆人喜爱的一种民间的甜食和饮料，喝到嘴里，甜中带酸，酸中还带着些酒意，让人回味绵长。既然麻花里可以加醪糟，火锅里是不是也能加呢？

说行动就行动，我准备先拿自己做个试验，先尝尝加醪糟后的味道。我品尝后，感觉完全没有了麻辣火锅的干麻，有的是一种平和的回甜。我兴奋极了，又尝试着加了点黄酒，味道就更好了。有了自己的成功试验，我在看到一些顾客因为吃了麻辣火锅而伸长舌头，不停喊麻时，便往他们的锅里加了“秘密武器”——醪糟和黄酒，我想看看他们吃后的反应。

“老板娘，你刚刚加了什么？这是什么味的火锅？太好吃了！”他们嚷嚷着。我神秘地一笑，脱口而出：“荔枝味火锅！”之所以叫这个名字，是因为我觉得加了醪糟和黄酒的火锅，味道真像荔枝一样。

“荔枝味火锅呀！怪不得这么好吃！”客人又高兴地大叫，旁边的客人也嚷嚷着要尝尝。结果，他们也连连说第一次吃到这么美味的火锅。自此，荔枝味火锅成了我们小天鹅的又一特色，而且还被很多人称为“秘制火锅”。因为他们只知道是我调的，却不知道是怎么调的。

荔枝味火锅一下子成了我们小天鹅的精品火锅，很多年轻的女孩都喜欢吃，我的这个发明又成功了，再次帮我把生意推向又一个高峰。荔枝味火锅的研发成功，再次证明了饮食的平衡原理。当干辣干麻的重庆火锅经过荔枝味火锅的中和平衡后，一下子满足了更多人的口味。同时也使小天鹅火锅具有了辣、甜、咸、鲜、香五味，真正成为中国餐饮美食中的独特菜品。

我曾这样形容我们小天鹅的火锅：麻辣味的火锅像一个成熟泼辣的少妇；药膳味的火锅像一个历经世事的老人；荔枝味的火锅则像一个温婉的少女，独具恬淡优雅之风……

现在回头一想，其实我当初所有创新的初衷都源于心底的一个强烈愿望——我要让顾客百分之百回头。

5. 从“八一路上的阿庆嫂”到中国“火锅皇后”

因为小天鹅火锅，我收获了很多称号，比如创业之初我被人叫作“八一路上的阿庆嫂”。

年轻时的我，长得漂亮，热情爱笑，乐观豁达，嘴巴也能说。当时正在热播电影《沙家浜》，阿庆嫂的美丽、能干和机智善良给大家留下了很深的印象，食客们都说：“这火锅店里的老板娘人漂亮、做事漂亮、说话漂亮，和沙家浜里的阿庆嫂一样，沙家浜里的阿庆嫂是开茶铺的，我们八一路上的阿庆嫂是开火锅店的！”很多来小天鹅吃火锅的客人，都笑称他们来这里既是因为火锅味道好，老板娘热情不耍秤，也是因为想看看漂亮的老板娘，欣赏下重庆女性的妩媚和泼辣。

那时候，不管他们再怎么说，不管有多辛苦、多艰难，我都乐观应对。店里只要有我在，总是充满欢声笑语，我的乐观和开朗也感染了店里的服务员和食客，大家的心情好像都好了起来。有些食客甚至还说我是开心果，只要他们遇到不开心的事，都愿意到我店里来，既能吃火锅还能让心情愉悦。

我的笑声在给大家带来快乐的同时，也冲淡了我工作的劳累。说起当初的情形，有些人还会说：“那时候，我们总是看到你乐呵呵的，手上总是拿着几个调味小缸，不断地在每一口锅边巡视。走到一口锅边，用筷子沾一下尝尝，缺哪一种味加哪种调料，根本不需要客

乐观、热情、爱笑的我被大家称为“阿庆嫂”

人提出。”每次听到老顾客说这些话，我都很感动。我只是站在他们的角度，为他们着想了一下而已。

记得当时小天鹅的一个常客说：“你好舍得哟，不像有些火锅店的老板总不舍得放佐料。”我哈哈大笑说：“佐料你又带不走，吃好了，下次再来。你来一回，多少都会赚你一点的。如果味道不好，你不来了，我就一分钱都赚不到你的了。”听到这段对话的食客都说：“这个女娃不得了，耿直、坦率，迟早要成大事。”如今想来，食客们也是火眼金睛，他们知道真诚、诚信是会成事的。而正是因为有了为客人着想的理念和行动，有了我的乐观豁达，才有了今天小天鹅的成功。同时，我热诚的待客之道也让我交了很多朋友。

1992 年，我和长光去上海考察开店的事，在机场，忽然有个中年男人走过来对我说：“你是不是重庆小天鹅火锅店的老板娘？”

我一惊，疑惑地说：“是，我是开火锅店的，你怎么认识我的？”

他笑了起来，说起了事情的来龙去脉。四年前，他们一行十人去重庆开会，快到重庆时问火车上的乘务员，重庆哪家火锅店的火锅好吃，乘务员说八一路的小天鹅火锅最好吃。于是，他们一到重庆，放下东西便直奔我们八一路的火锅店。那时候，我八一路的店也实行着“20 元随便吃”，因为在火车上没吃好，便开始大吃特吃，上海人喜欢吃带鱼，便一盘又一盘地吃着。他们心想他们那么吃，老板娘肯定会不高兴，没想到我还是热情地招呼他们，还教他们用“七上八下”的方式吃毛肚，那天他们吃得很开心。隔了一天，他们又来我们小天鹅，仍然是那十个人，却没有第一次吃得多了，而我还像第一次一样，热情地招呼他们。我的热情及小天鹅火锅的美味，深深地印在了他们的脑海里，事隔四年他居然还能在机场听出我那沙哑的声音。

自此，我和长光就与他成了二十多年的好朋友。我们每次去上海，无论他怎么忙都会接待我们，而他到了重庆，我们更会热情地接待他。这个人叫邵行茂，当时第一次在小天鹅就餐时还只是上海冶金厂的销售科长，如今已经是上海市人大代表以及公司的董事长了。一次吃火锅，让我们成了一辈子的朋友，这比赚多少钱都更宝贵。

除了“阿庆嫂”，没过多久我又多了一个称谓，并一路伴随了我几十年，那就是“八一路火锅皇后”。

我在八一路经营小天鹅时，生意一天比一天火爆，不仅吸引了重庆食客，各地慕名而来的食客也不少。很多记者争相对我进行独家采访，我成了重庆乃至全国的红人。而一位香港记者的采访，还让我成了境外的“红人”。

那是 1983 年的一天，也就是我下海后的第二年，美国《华尔街日报》驻香港办事处的一名记者，来重庆原本是要采访一家国有企业的领导，没想到因为时间的问题，记者扑了个空。他有些闷闷不乐地在大街上闲逛，路过八一路时，他忍不住停下了脚步，好奇地看着一个地方。

那天正好是三伏天，天气热得让人只想往水里钻，但他却看到一个叫小天鹅的火锅店，店里店外全都是人，连店旁的人行道上都支起了很多桌子，桌旁的人吃得不亦乐乎。再一看，有些人还只是在一个啤酒桶上加了一个木板当桌子，木板上放着个煤油炉，煤油炉上放着一口锅，那些人围着那口锅，吃得热火朝天。他呆呆地看着，那些食客吃得汗流浃背，一边扇着蒲扇，还一边拼命饕餮，那迫不及待的样子，也像极了锅里翻滚的红油汤。

那个记者瞬间就被这个场面震撼了，如果不是亲眼看到，他是绝对不会相信的。他想知道，是什么吸引了这些不怕炎热的人们，是什么让他们吃得热汗淋漓还乐此不疲，这火锅就这么好吃吗？于是，他找到了我，说要采访我。我给他讲了小天鹅如何蹒跚起步并一步步走过来的故事，他听后直竖大拇指。随后他又问我：“为什么大家这么喜欢吃火锅？”我告诉他，重庆人自古就喜欢吃火锅，因为重庆处于盆地，冬天特别潮湿，人们便用辣来驱走体内的寒气，火锅里使用的海椒和花椒既补气又可以去湿。当然，最主要的还是因为它非常好吃。而在炎炎夏日吃火锅，则是为了排除体内的毒素和湿热。“为什么我们重庆的女孩个个都长得水灵灵的，就是因为爱吃火锅。”我最后对他说。

我知道这个报纸国外也能看到，所以这是宣传我们小天鹅，甚至宣传我们重庆火锅的好时机。这位记者采访完，啧啧称奇，吃了鸳鸯火锅后，更是称赞它美味绝伦，把火锅的美味和营养结合了起来。回香港后，他写了一篇文章《三伏天重庆人吃火锅的妙法——以毒攻毒》。他在文章里说，重庆被称为火炉，在“火炉”里生活，为什么还会有那么多人围着火炉吃火锅呢？这就是以毒攻毒。这篇文章发表后在香港引起了很大反响，还得了奖。以前的香港不像现在，当时来内地的人很少，对内地的了解也不多。但这篇文章一下子让很多香港人知道了在内地一个酷热似“火炉”般的城市里，有很多人在三伏天围着“火炉”吃火锅，这个城市就是重庆。重庆火锅的名声一下传到了香港，甚至海外。

“顾客就是上帝”：小天鹅火锅的微笑服务让客户和媒体赞叹不已

香港媒体报道后，国内一些媒体也专程来到重庆，到八一路上采访我。同样，他们对小天鹅的“火热”场面很是感慨，甚至称为奇观。当然，更令他们感动的还是我似火的热情服务，因为那时候很多做生意的人并不懂得“顾客就是上帝”这种观点，更不懂什么微笑服务，所以我的热情周到让他们赞叹不已。知道鸳鸯火锅就是我研发的时候，他们顿时瞠目结舌，报道的重点已经不仅仅是我小天鹅的生意多么火爆，而是我的创新，我为重庆火锅做出的贡献。

“你是当之无愧的火锅皇后！”这是很多记者采访结束后对我的评价。自此，“八一路上的火锅皇后”也就频频见诸报端。慢慢地，随着我店面的扩大，随着我其他各种火锅的创新，随着我小天鹅火锅走出重庆，甚至走出全国，“火锅皇后”这个称号也就被叫得越来越响。英国的《泰晤士报》不仅称我为“火锅皇后”，还说：“她就是长江上游的红色资本家。”

后来因为我发明的鸳鸯火锅，2011 年 7 月，央视四套《流行无限》栏目的主持人刘芳菲对我进行了55分钟的专访，做了一期专题，名字就叫《中国的“火锅皇后”》，这个节目除了讲述我的创业史，更对我的几个发明：鸳鸯火锅、子母火锅等做了重点介绍。中国饭店协会会长韩明称赞道：“何永智改变了火锅在形式上的单一，让火锅从内容上满足了现代人的消费需求，为火锅走出重庆起到了决定性的作用，她发明的火锅影响了20亿人，不愧为‘中国火锅皇后’。”

二、走出重庆：大战成都衣冠庙

1. 剑走偏锋，选址荒郊

重庆观音桥小天鹅的成功，让我经营火锅的信心更加充足。

1988 年，也就是小天鹅创建之后的第六年，我觉得是时候走出重庆了。当时，改革开放已历经十年时间，很多私营企业已经不满足于解决温饱，而开始考虑如何做大、做强，对资产的追求成为新的主题。在这种思潮影响下，很多有眼光、有胆魄的企业家（这个称谓当年第一次在中国出现）也都开始了扩张之旅。

1988 年的一天，在成都战旗歌舞团工作的表弟回到重庆，看到我们在重庆的火锅生意如此红火，便建议道："去成都开店吧。你们在重庆已经做得这么成功了，为什么不走出去？成都的火锅环境更好。"

他的一番话让我心头为之一动。那时，重庆还不是直辖市，要把店开到省会成都去，我有些犹豫，也有所顾虑。小天鹅已经开了三家分店，八一路、道门口和观音桥，生意都非常火爆。当时，长光还在与人合伙做电器生意，无暇顾及店里。我一个人管理三家店已殚精竭虑，忙得不可开交，如果再去成都开店，只怕心有余而力不足。当然，还有更深层的一个原因。企业的发展速度和人才的培养速度相匹配，扩展之路才能走得稳健。火锅最主要的就是调料，而我只带了两个徒弟。那时火锅配料的调制都是现做现卖，三家店三个调料师，刚刚好，谁能抽身去成都？

我反复斟酌，还是拿不定主意，便和长光商量。长光态度很坚决：“小天鹅要想发展，必须向外扩张。”

长光不但支持我去成都开店，也拿出了实际行动。1989年，小天鹅成立了董事会，长光从和朋友合伙的电器生意中脱离出来，成为小天鹅的董事长。有了长光的加盟，我一下子觉得担子轻了许多，也能抽身“开疆辟土”，向外发展了。

经过近一年半的思考，我们做好了去成都开店的准备，我和长光进行了分工，重庆的几家火锅店由他来管理，成都小天鹅的开张经营及扩张由我负责。为了解决小天鹅的调料问题，我们决定采用汤料标准化，统一配制。如此一来，即便以后开再多的分店，也不用担心调味师不够用。这原本只是我们的权宜之计，不料却又开辟了一条先河，我们成了中国首家将火锅配料标准化的企业。

好的味道，好的管理，好的团队，还要有好的位置。店址的选择关系到餐饮店的生死存亡。火锅店也不例外。可我们对成都并不熟悉，怎么来选址？最终，我们将此事拜托给了表弟。

1990年底，我们在表弟的帮助下，赶赴成都去考察店址。我们在二环路旁一个叫衣冠庙的地方，停了下来，那里属于城乡接合部，有些荒凉。其他几人看后纷纷摇头：“这太偏了，不适合开店。”我登上一个叫月城餐厅的顶楼，环顾四周，心里一盘算，当下一喜，缓慢而坚定地对大家说：“就是这里了！”

一人惊得目瞪口呆，大声惊呼：“这种地方怎么能开餐饮店？这不是自寻死路吗？”另一个人也泼凉水：“如果选这地方，你在成都必死无疑！”

在他们的印象中，做餐饮人流量很重要，所以一定要选择那些人流密集的地方，而且还不能是住宅区，因为住宅区即使人多，大多也会在家吃饭，只有那些商业区才是餐饮店的最佳店址。而衣冠庙这个荒郊野外，不要说人流量大了，根本就是人烟稀少。白天望去，杂草丛生，地方倒是开阔，但没什么像样的建筑。城乡接合部的晚上，没有城市的灯红酒绿，也没有农村的鸡鸣狗叫，有的只是半拉子工程的烂尾楼，以及马路上一闪而过的车灯。这种地方，怎么可能有客人？

面对大家的质疑，我微微一笑，胸有成竹地说："商机的发现有时候不能靠逻辑推理，只有结果才能证明我的选择对不对，是不是符合逻辑。"为什么我如此自信？"酒好不怕巷子深"，让我自信的是我的装修特色和经营特色，我相信，我能让这个地方繁华起来、热闹起来。

如此大的一个店面，如果选在商业区，租金必定贵得惊人。我来成都打算开的是高档火锅店，不是大排档，目标顾客主要是商务客人，而他们最大的特点就是有车。对于有车一族而言，距离远不是问题，问题是停车是否方便，环境好不好。试想，如果把小天鹅开在市中心，能停下多少辆车？没地方停车，开车的人还能到你店里来吃东西吗？

"以车位定生意"，这就是我在成都选址最看重的一点，在当时可谓剑走偏锋，现在看来也有前瞻性。传统的餐饮选址方式，大多用表来计算人流量，如果达到规定流量就入选。殊不知，正餐消费的选址与快餐消费的选址是两码事。快餐消费看重的是人流量，闹市区、商业区，对快餐厅来说可能很好，但对正餐，尤其是火锅这种需要长时间消费的餐厅而言，选址首先要看能见度强不强、视线开不开阔，也就是来来往往的人和车能否看得到。另外一点，就是有没有充足的停车位。闹市区对提供正式宴请的正餐餐厅来说，是一种假门面，假繁荣，重庆观音桥店的成功，更坚定了我把成都这家火锅店定位正餐的决心。

做生意选址很重要，这个道理谁都懂，但真正面临决策的时候，很多人却拿不定主意，最后胡乱下一个决定。选址是门很深奥的学问，即使同属于餐饮店，不同的类别选址原则也不一样，能做快餐的位置不一定能做正餐，能做火锅的位置不一定能做海鲜。只有认真分析消费群的行为特性，才能做到正确选址，这是我这么多年的最大感受。那时候，一部分人富起来已成为现实，商业越来越繁荣，私家车越来越多，人们开始炫富比大方，商务宴请越来越讲究排场。事实证明，我做商务正餐选址在这样位置开阔又好停车的地方无疑是非常正确的。

2. 重金砸出个旗舰店

“我要把这个位置偏僻，有三千多平方米的三层楼打造成成都最豪华、最高档的餐饮店。”还未装修，我便看着空旷的店址发下誓言。那时，成都有点名气的餐饮店有热盆景、狮子楼和半边桥老妈火锅等，面积都不大。成都衣冠庙的这家小天鹅店，给成都火锅开了先例，把火锅这把火在成都点旺了。它也是小天鹅发展中的一个里程碑，真正把火锅引向了高档化。那豪华时尚的装修，以及超大的营业面积，都是当时成都任何一家餐饮店都无法比拟的。

为了往高档次上定位，我们投资了几百万元（当时的投资是巨大的）。1980 年，美国华裔主持人靳羽西曾主持一档《世界各地》节目风靡中国，靳羽西用流利的中英文，对世界各地的风土人情进行讲解，这对从未出过国门，甚至从未出过省市的国人来说，无疑有着强大的吸引力。对市场有着敏锐嗅觉的我，自然不愿意放过这个机会。为了适应市场需求，我专门聘请了一位曾赴法留学的工程师，将三层楼分别装饰成欧式风情、南亚风情和民族风情。

1991 年元月，在成都叫衣冠庙的穷乡僻壤，矗立起一座豪华的整整三层楼的火锅城。招牌上赫然写着：重庆小天鹅大酒店。大大的招牌，昭昭若现，到了夜晚，华彩初上，那招牌更是醒目之极，来往车辆都能一眼望到。楼前偌大的停车场，给食客们提供了方便。

将火锅带进大雅之堂

酒店一楼的欧式大厅，设的是自助餐，27 元一位。之所以定这个价位，是因为那时成都到重庆的火车票恰好是 27 元；二楼的异国风情包间，设了最低消费，每个包间 33 元一位。因面积颇大，三层楼只得分期装修。1991 年初开业时，我们只装修了第一层和第二层，这两层只是在观音桥店的基础上将其精致化，但也引起了成都整个餐饮界及媒体的足够关注，生意火爆异常。但三楼的民族风情怎么来体现呢？

1991 年底，我和长光及女儿一起去云南旅游考察，在一个叫南苑的餐饮楼吃饭时，被里面的原始表演吸引住了，虽然都是些业余演员，但营造的氛围欢快、和睦而融洽，让人难以忘怀。我环顾了下周围，基本上没有空位，可见生意也相当不错。思忖间，忽然冒出了一个想法，能否把这种歌舞伴餐的形式引入成都那家店？那里装修豪华，场地也宽敞，不妨一试。于是，我决定将第三层装修成主打歌舞表演。从云南回来便抓紧动工，中间设计成一个大舞台，餐桌围绕在舞台四周。顾客可以坐在餐桌旁，一边吃火锅，一边看表演。

说到歌舞表演，我还要感谢我的表弟刘友义，他是成都战旗歌舞团的专业人士，给我提了很多好的建议。我没有像云南的南苑那样找业余演员，而是请了战旗歌舞团一位叫朱红的舞蹈家帮我们排练民族舞，比如傣族的泼水节舞蹈、藏族的献哈达舞蹈和撒尼族的送香包舞蹈等。我还希望，演员们在表演节目时，能适时地和顾客互动，调节气氛。

这是小天鹅第一次尝试歌舞伴餐。作为全国第一家将歌舞伴餐带入火锅界的餐饮店，引起了成都餐饮业的高度关注。

3. 我被称作“中国阿信”

“没有月亮，我们可以看星光；失去星光，还有温暖的眼光；抱着希望，等待就少点感伤；仿佛不觉得寒夜太无助太漫长……”这是翁倩玉演唱的日本电视连续剧《阿信》里的主题曲，差不多每天晚上都会准时飘进千家万户。阿信的故事，当时感动着所有人，也包括我。阿信出生寒微，一生多次遭遇坎坷，但她不相信命运，顽强抗争，最终成为日本著名的百货连锁企业八佰伴的创始人。阿信那种历经磨难却仍然不屈不挠的精神，一直感染着我们，成为当时千百万中国老百姓心中的励志典型。

在我创业的过程中，无论遭受多大的困难和挫折，我都能够保持乐观的心态，微笑着去面对。不管是在创业初期接连亏本，还是生意热火朝天时候的忙碌和辛劳，以及在成都开店后经受的排斥和刁难，我都对自己说：“和阿信经受的磨难相比，这点磨难不算什么，这必定会成为我日后的财富。”

阿信是我的榜样，我一直拿她的事迹来鼓舞自己，却没想到有一天，自己会被称为“中国的阿信”。在成都开店时，我是慢慢地、一步步地征服了成都人。刚开始，也许是我的独特经营方式吸引了他们，但最终还是我火锅的味道和服务征服了他们的胃，他们的心。成都毕竟是个包容性的城市，虽然刚开始对我有排挤现象，但最后还是把我当成了成都的一分子，认可了我为成都餐饮做出的贡献。1993 年，《四川日报》专程对我进行了采访，用了整整一个版的空间介绍我和我的小天鹅，题目就叫“中国的阿信”。1994 年，《中国财经报》也采用“中国阿信”这个称号对我进行了报道。

我喜欢这个称呼，因为我也像日本的阿信一样，来自草根，白手起家，进行着最为艰辛的创业。

4. 歌舞伴餐：一炮走红的“撒手锏”

1992 年初，成都衣冠庙的重庆小天鹅火锅城全部装修完毕，并正式开始营业。而那一年，邓小平在深圳发表南方谈话，给很多商业人士吃了定心丸，顿时掀起了改革开放以来的第二次创业高潮。成都这座古城也似乎注入了新鲜血液，来来往往的人们开始变得多了起来，无论白天晚上，小天鹅火锅城前面的停车场都停满了车，从楼上望去颇为壮观。原本冷清的地方，因为有了这个火锅店而变得热闹异常。

重庆观音桥店已经开始注入了民族风情、异国情调等文化元素，而成都的店把这种特色发挥到了极致。为了突出优势，达到更加真实的客户体验效果，我开始请人对店里的服务员进行专门的培训，让他们熟悉自己身着服装的民族及国家的特点。因为我要的不只是他们穿着外族、外国衣服来哗众取宠，而是要让来这里的食客真正感受到民族和异国风情。每天晚上将要表演的节目，也是演员们精心准备的，尽量做到节目不重复，让食客们在享受美食的同时，也

小天鹅创新发明了“歌舞伴餐”，让成都衣冠庙的重庆小天鹅火锅一炮而红

能感受到艺术氛围。比如藏族的泼水节，演员表演完，会把水洒向顾客；羌族的捉泥鳅，演员穿着羌族服装表演，节目最后将鲜活的泥鳅倒在锅中。台上台下相互呼应，甚是热闹，达到了意想不到的结果。

除了舞蹈表演，我们还有漂亮的时装表演。和观音桥店一样，成都这边服务员及演员的衣服，也都是我亲自设计和制作的。有一段时间，我做衣服简直就上了瘾，看到布料，脑子里马上构思，构思好就开始剪裁制作。当时，我住在战旗歌舞团的表弟家，半夜两点我还在兴致勃勃地做衣服。表弟回忆说，有段时间，每天深夜他们从睡梦中醒来，都能听到我踩缝纫机的声音。那时候我并没有觉得是在做衣服，而是在做艺术品。当然，这样做出的衣服，肯定非常精致漂亮。每晚演出时，报幕员都会说：“你们今天看到的服装，都是由我们小天鹅的何总亲自设计并指导制作的。”

给服务员和演员做衣服，虽然很辛苦，但也是发挥我的专长，因此心里感到很快乐。随着产业的扩大，我无法再亲自做衣服，便成立了自己的服装厂。1990 年，我的服装厂已经慢慢成形，厂里有几名工人，设计师就是我。现在服装厂的设计师是跟了我二十年的一名员工，他当时只是农村的一个裁缝，也是我乡下的一个亲戚，如今已经成了一名成熟的设计师。服装厂的人数最多时都能达到上百人，因为我们店开得越多，演出也就越多，需要的演出服装也就越多。

成都的小天鹅火锅店刚一开张，便吸引了成都人的注意。因为从没哪家餐饮店，特别是火锅店能有歌舞伴餐。当餐厅回荡着令人陶醉的音乐，姑娘们随歌起舞的时候，客人们不仅在小天鹅饱了口福，而且还获得了视听享受。台上是风情万种的民族歌舞或时尚美丽的时装表演，台下觥筹交错、把酒言欢。不时地，台上的演员还会和台下的食客做一些互动，叫好声、欢笑声，此起彼伏，将吃火锅原本就有的“热度”又升了温。这一招迅速在成都掀起波澜，小天鹅顿时红遍成都。一批批食客从四面八方向我们小天鹅赶来，没有位子，他们就在过道、走廊上等，谁也不想错过味觉和视觉共享的美妙时光。很多人甚至以到我店吃火锅为荣。成都有媒体曾报道说：“重庆小天鹅火锅成为国内餐饮先驱！”

这一次，我又大获成功，成了国内饮食界中将歌舞表演和餐饮完美融合的第一人，完全改变了赤膊在街边大排档吃火锅的传统。当然，在给吃火锅赋予另一层享受的同时，我的利润也在翻飞，一个月就有几十万的利润，成都小天鹅火锅店也成了当时最赚钱的一个店。而正是因为这个店，让我的小天鹅迅速成长，走向全国，接连不断地开了一个又一个分店。

三、天津模式：特许经营第一人

1. 两包火锅底料带来的商机

1992年的一天，一位刚从科威特打工回来的天津人回老家绵阳时，在绵阳火车站附近看到了生意火爆的小天鹅火锅店。也许是被小天鹅这个带有浪漫气息的名字所吸引，他不由自主地走了进去。他先是被排队等吃火锅的盛况所震撼，接着又被新颖的歌舞伴餐、民族风情所营造的热烈、独特的氛围所吸引。那一刻，他的心活了。他觉得自己找到了梦寐以求的事业——开一家这样的店。

但是，当时他只有在科威特打工赚来的几十万，根本就不够。那一天，他坐在小天鹅里， 边吃火锅、看表演，一边在心里憧憬着未来。当他依依不舍地离开时，很用心地买下了两包小天鹅火锅底料。

这个人叫景文汉。他拿着那两包小天鹅火锅底料，心情久久无法平静，小天鹅生意的火爆场面深深地印在了他的脑海里。回到天津后，他把两包火锅底料小心地保存在冰箱里，用从科威特打工赚来的钱埋头做其他生意。

1994年，景文汉挣到了两百多万，他觉得自己有开小天鹅那种店的资本了。于是，按捺着激动的心情，他从冰箱里拿出“珍藏”了两年的火锅底料，并根据火锅底料上的地址联系我，但开始没有联系上，因为那时候我们火锅底料厂已经搬了家。景文汉没有放弃，他通过各种方式，整整用了三个多月时间，终于在成都找到了我的联系方式，而他打电话给我时，我正好在武汉计划开分店。

在电话里，景文汉很真诚地邀请我去天津开一家小天鹅。“我忘不了两年前去您店里时的盛况，那是绝无仅有的，从那天起我就发誓，一定要开一家这样的店。如果真能开这样一家店，我这一辈子就满足了！”景文汉在电话里激动地说着，他的声音略微有些发抖，但每句话听起来都很坚定。

我能感觉得到景文汉的真诚和对小天鹅的“爱”，也有心想和他合作，但具体怎么合作还有待商榷，于是便对他说，如果他真心实意想和我合作，等我回成都后去成都见面谈，景文汉忙不迭地答应了。

景文汉回天津后不久，又打电话给我，当时我已经回到成都，我能想象到他迫不及待的心情，便答应和他见面。与他同来的是他天津公司的一位经理，那位经理见了我就说，从天津到成都的路上，景文汉一直在和他谈小天鹅，他以为景文汉和我很熟，见了面才知道他根本没见过我，甚至在没和我通电话之前，景文汉一直以为“何永智”是位男士。

和景文汉聊完，他说对我更加佩服，也更坚定了和我合作的想法。他再次邀请我去天津，还说已经把店址选好了，让我过去把把关。我被他的激情所感染，但因为太忙，不能亲自去，便委托我们小天鹅的一位经理先去天津看看。几天后，经理回来对我说：“何总，他们选的地方，开这种店不行！不过景总很热情，一定让您亲自去一趟。”景文汉的热情让我不好再拒绝，我放下手里的工作去了天津。

景文汉选的地址在天津一个正开发的新区，确实如我们经理所说，地方是个工业区，人烟稀少，并不理想。他马上又领我去了商业老区塘沽。当时，塘沽开餐饮的几乎都是街边店，高档的餐饮店很少。

“如果在天津开一个像小天鹅那样的歌舞伴餐的餐厅，只要从一千家其他餐厅里每天拉一个客人进来，餐厅就已经很火了！”说完，景文汉问道，“何总，小天鹅的特色能不能吸引其他餐厅里的每一个人？”

“天津塘沽的这些餐厅和小天鹅没有任何的可比性，差距太大了。”

听我这么一说，景文汉更激动了，连连道：“那我更有信心了！那您愿不愿意跟我合作，一人出一部分资金呢？”

我告诉他：“如果你有心合作，资金你全部出，我只出管理！在投资收回来之前，我和你三七分成，你七我三；投资收回来之后，我们五五分成。”

景文汉是铁了心要跟我合作，他说：“只要你愿意把‘小天鹅’的特色引进到塘沽来，我什么条件都答应。”

于是，我们开创了新的合作模式：景文汉出资金，带一名副总和一名财务主管；小天鹅出技术、品牌和其他工作人员，负责具体经营。小天鹅在中国的合作加盟店，就这样诞生了。

在 1994 年，中国并没有一个合作加盟店的模式和样板可借鉴，我也从来没有听到过“合作加盟”这个词。无意之中，我提出的合作模式，竟然开创了中国的第一个合作加盟店。创新并非刻意而为，而是在解决难题时大胆探索、打破常规的结果。

2. 奇迹：六个月收回投资

1994 年 6 月 8 日，小天鹅天津店正式开业，80 多名来自重庆、训练有素的员工正式坐镇天津。那天我的腿伤还没好，刚刚丢下轮椅换上拐杖。开业当天非常热闹，不但有歌舞表演，还请来了天津市的一位副市长来剪彩，所以场面宏大又气派。

天津的公司及店面开业剪彩有个习惯——店外剪彩。6 月 8 日正处于三伏天，骄阳似火。如果在外面剪彩，放在大堂的音响设备必须搬出去，不搬出来，声音会很小。我不希望在开业剪彩中有任何的不顺畅，更不想因为天气太热，我的嘉宾、演员没精打采，敷衍了事。虽然有入乡随俗的说法，但我想了想，便拄着拐棍，一点一点地靠近副市长，提议去大堂的舞台上剪彩。我给副市长说得最多的是，我有这方面的经验。副市长看着我自信的眼神，又看了看我拄着的拐杖，微笑着说："今天一切听你的安排！你们重庆女人真能干！"

在清凉的室内，剪彩在浓烈的喜庆气氛中圆满完成，随后还上演了精彩的歌舞。这件事很快就传遍了天津的大街小巷。可以说，那个开业典礼给小天鹅做了最好的广告。

有了一个成功的开始，又有强大的经营管理团队，小天鹅在天津一炮打响，没有任何过渡，没有循序渐进。记得有一次，我在重庆接到景文汉从天津打来的电话，他激动又兴奋地说："有十二辆奔驰车专门从北京开到天津，就是为了到我们'小天鹅'吃饭。"

在别的火锅店烟雾缭绕、人声嘈杂的时候，小天鹅天津店却是歌声绕梁。极富民族风情的音乐和歌舞，让九十年代的食客大开眼界。再加上重庆女孩的天然俊秀，热情奔放，感染着每位顾客，将火锅的"火"催生到极致。在小天鹅，顾客们体验到的是一种朝气蓬勃、清新欢快的改革春风。

十二辆奔驰车从北京开到天津，只为小天鹅，这比拿多少钱做广告都有效。自此，小天鹅在天津越发轰动了，去小天鹅吃饭的人更是络绎不绝，几乎天天爆满。毫不夸张地说，小天鹅让天津的餐饮业火了一把，让天津人爱上了火锅。

虽然我知道天津店会成功，但没想到这么快，这么顺利。因为仅仅用了半年时间，天津店就收回了投资。小天鹅带给景文汉的不仅是"利"，还有荣誉。因为这个店的成功，景文汉这位农民企业家被评选为当地的政协委员。当然，小天鹅的名声也因此更响了，全国各地都有人找小天鹅、找我，想和我们联合开店，有苏州的、哈尔滨的、沈阳的、武汉的……

我被誉为“中国特许经营第一人”

天津小天鹅的成功，让我们意识到了“小天鹅”这三个字的品牌分量。长光说：“为何不利用小天鹅的无形资产，对小天鹅品牌进行价值量化，然后以品牌为资本同资金持有者合作经营呢？”他的话提醒了我，我们说行动就行动，开始启用这种经营模式（最后也被我们称之为“天津模式”）和全国各地看好小天鹅的人合作。我们的目的很简单：用天津模式克隆出更多的小天鹅来。

3. 扩张：拄着拐杖跑全国

1994 年，景文汉拿着 200 万元和我签完合同，开始装修天津这个首家特许加盟店时，我又马不停蹄地赶往北京，因为那里还有个合作项目等着我去谈。但没想到在项目谈完的回程路上与一辆车相

病床上，我依然坚持工作

撞了。虽然没出人命，但由于我所乘坐的车太小，我的腿又长，本身是窝在车里的，当两辆车相撞后，因为惯性，我的身体在向前冲的时候，腿被卡在前排座位底下，硬生生地断了。

也许是因为恐惧，当时我没有感觉到痛，再加上没有流血，也就没在意，瘸着回到酒店继续工作——审图纸，一直忙到深夜。第二天早上六点多我生生被痛醒时，才发现左腿又红又肿，完全不能动了。我马上叫来救护车，住进了积水潭医院。医生诊断说是股骨头骨折，需要马上动手术，而且还是个大手术，几个月不能下地。

我完全蒙了，如同一只正翱翔在云端的鸟，猛然被猎人打了一枪。事事追求完美的我，一度无法接受这个飞来横祸。那时躺在医院的病床上，可以说是心急如焚。我好多次都想下床去工作，但都被长光拦住了。

现在想来，当时我虽然心里着急，但对那场车祸还是抱着乐观态度。我觉得那几年整体而言，我太顺了，出现点波折也是好事。随后，我的腿又接连断了几次，而我也发现了一个有趣的现象，我每断一次腿，小天鹅就会上一个台阶。所以我想，也许是真的需要我用自己的腿来为企业的发展做贡献。

有了这种平和对待车祸和断腿的心态，在能下地后，我便拄着双拐、坐着轮椅全国跑。从1994年到1995年，仅仅一年时间，我们复制了13家小天鹅：双流、温江、崇州、绵阳……复制到哪儿，我就拄着拐杖去哪儿。打在腿上的钉子只能管一年，所以1995年，我又去了成都华西医科大学，取出腿上的三颗钉子，本以为是件很简单的事，不料我在手术台上躺了四个半小时，却只取出了两颗，还有一颗断在了里面，只取出了一半。为了把那半颗钉子取出来，我第二次去了北京。积水潭医院起初准备把断有钉子的那块骨头砸开，不料，医生检查后放弃了，并把我的伤口缝了起来。我记得当时缝了19针。自此，那半颗钉子成了我身体的一部分。

带着腿里藏着的半颗钉子，我拄着拐杖，不顾医生卧床休息的嘱咐，继续着我的扩张之路。1996年，我们小天鹅在全国已经有七八十家，光直营店就有十多家。小天鹅正处在快速发展的轨道上，我怎么停得下来？最忙的那段时间，我拄着拐杖，一个星期跑八座城市。喜欢任何事都亲力亲为的我，有种指挥千军万马的感觉。很多人说我是事业型的女人，我说我是为事业而活着的女人。因为不管是坐着轮椅还是拄着拐杖，丝毫也没影响到我去全国各地的合作店“总指挥”，同样没有影响我去澳大利亚、美国考察。当然，之所以能这样，除了有事业心，还源于我的乐观精神。在大家为我的腿而担心的时候，我却只当它是生了一场感冒，每天乐呵呵、精神百倍地去工作。

那时候每签一家合作店，小天鹅派去做前期准备的人中，不管有几个，肯定有一个是我。没有亲自介入的店，我不放心。现在想起来，我们的付出还是很值得的，虽然忙点、累点、辛苦点，但几年下来，我遇到了各种职业、各种性格的人，这些人在带给我感动的同时也激励着我。

记忆中有个苏州的吴老板，给我留下了很深的印象。

吴老板和小天鹅结缘也是一次偶然，当时他受一个朋友邀请去天津玩。和景文汉相似，在天津，他看到了“天津小天鹅”的火爆，也就萌生了在苏州开这样一家店的想法。这位吴姓老板从小得了小儿麻痹，一直坐着轮椅，但他身残志坚，靠在苏州辛苦做小生意有了一些积蓄。

他找到我时，我就被他的坚强打动了，并很快答应了和他合作。因为他行动不便，我对苏州这个店也格外重视。当时正值我第二次取断钉，原本丢掉的轮椅又坐上了。于是，在苏州，一个令很多人感动的画面出现了：两个坐在轮椅上的人，腿上摊着纸、手里拿着笔，认真地研究着、讨论着店面的设计、装修。那时候没有电脑，我们只能用纸和笔，不停地写着、画着、修改着。我们没有在意周围异样的眼光，我们心里只想着怎么把小天鹅装修得更好。

功夫不负有心人，在我的特别关注下，苏州这家店也只用了一年零两个月就收回了成本。虽然用了天津店两倍的时间收回成本，但也是成功的。这种模式复制的店面多了，我也渐渐总结出一些规律：这种模式若能在一年半之内收回成本，就是一种赢利模式；如果超过了一年半还没有收回成本，就说明这个店做失败了。失败的原因我也做了总结，通常有这样几方面：首先是店址没选好；其次很可能是我们派出的管理者和出资者出现了管理上的冲突。比如，我们的管理模式和方案出资者不认同，两个同床异梦的人，怎么可能长久。最后一点，很可能是合作方不讲诚信。一个不讲诚信的人，怎么会有回头客？回头客少了，店自然也就做不下去了。

通过对一些成功店和失败店的对比，我还发现了一个有趣的现象：越是不懂，越是能谦虚配合我们的合作者，这家店就越容易成功。因为不懂和谦虚，他们会相信我们的管理方式；相反，一些略懂一二的，就会有他们的主张，对我们的管理方式存在不同意见，严重者甚至还会我行我素，最后导致失败。

成功的案例中，除了景文汉、苏州的吴老板外，印象很深的还有一位云南的合作者。他原是当兵转业回来的，坚韧和真诚的优秀品质让他拥有了很广的人脉，再加上选址好，在和我们合作后，昆明的小天鹅开业后很快就火了。如今，他已经成了亿万富翁。做生意和做人一样，“做人”成功，生意也会成功。

从1994年到1998年的五年间，我们开了近50家合作店，这些店都是按照“天津模式”复制的。

4. 思女，研发了子母火锅

尽管小天鹅的发展已经进入了高峰期，我还是会抽出时间来对火锅本身进行改良。

1997年，我15岁的女儿去了美国，在她去美国的那一年，我们重庆的巴渝食府开业了。在准备开巴渝食府的时候，我已经下定决心：这个店必须创新。而那时候我所想的创新，除了我们的大堂装修外，还有火锅的“锅”。

因为我发现了鸳鸯火锅的局限性，比如说，如果几个客人不是一部分想吃红汤一部分想吃清汤，而是都既想吃红汤又想吃清汤，那么离自己远一点的红汤（清汤）吃起来就很不方便。而且，鸳鸯火锅原本就属于平民化消费，清汤锅和红汤锅一样大，清汤就无法做得很精致，无法做到药膳的质量。因为如果用鸳鸯锅的清汤锅做药膳，投资太大，而且也很浪费。如何解决这个问题呢？

像研发鸳鸯火锅时一样，我开始思来想去，想着怎么让“锅”变得更人性，更有特点。

1998年的一天，女儿从美国打来电话，听着她的声音，一股思女之情涌上心头。打完电话，我静静地坐着，坐了很久，我的心在隐隐作痛。“女儿是母亲的心头肉，是母亲身体的一部分。”我喃喃着，忽然有种把火锅和思女之情融合在一起的想法。晚上躺在床上，我回忆着和女儿在一起的点点滴滴。猛地，我想起了陪女儿做几何题时女儿用圆规画圈的场景：用圆规能画出一大一小两个圈，并套在一起，那是不是我也可以把一大一小的两个锅套在一起？这一大一小的两个锅，是不是正好象征着我和女儿永远在一起？“就把这种锅叫‘子母锅’！”我兴奋得一夜无眠。

第二天，我拿起笔开始设计图纸。我在大锅的中间画了一个小锅，这样的话，就会形成大锅拥抱小锅的形状，也就好比母亲拥抱着自己的孩子。我们可以在大锅里放红汤，小锅里装清汤。这样一来，中间小锅的汤底就是做得再精致也不至于浪费。而且，即使从清汤里捞菜把清汤滴在了红汤里也没事，而红汤永远不会滴到清汤里；更主要的是，四周坐着的每一位客人，都和清汤、红汤的距离一样，这样不就更人性化了吗？

想法成熟后，我亲自设计，亲眼看着师傅去做。之所以亲自去做这件事，除了和我亲力亲为的个性有关外，还有就是想为女儿做点事。为了事业，我欠女儿的太多了，子母火锅里包含着我对女儿深深的爱。但子母火锅做起来并不像我当初想象的“大锅套小锅”一样简单，当在一个“锅”上焊上另一个“锅”后，焊在上面的“锅”很难烧开，而且如果焊接技术不过硬，很容易让大锅小锅间串味，但后来很快解决了这些技术问题。子母火锅很快就风行起来。

随后，受到日本寿司的启发，我又研发了回转火锅，小火锅加上传送带，给食客更多选择和享受。子母火锅和回转火锅发明后，我申请了专利。不过，由于技术设备复杂和考虑成本等原因，回转火锅并没有像鸳鸯火锅和子母火锅一样风行。后来我又把回转火锅上面的小火锅加以改进，发明了一人一小锅的美人美火锅，美人美火锅因为时尚、卫生、方便、实用，受到消费者喜爱，成为风靡全球的火锅形式。

5. 从“救火员”转为“教练”

在经历了疯狂的扩张之路后，1998 年，我们的特许经营店已经有将近一百家，就在这一年，管理模式暴露出了我们的问题。

从 1994 年到 1998 年，所有应用“天津模式”的合作店全部带有歌舞表演，每一家店的开业，我都亲力亲为，走南闯北，一个又一个地辅助他们开起来。大家把我看成了小天鹅的定海神针，既然我是定海神针，那么平时看不见摸不着可以，关键时刻却一定要出现在他们面前。我要让他们知道，我一直都在，即使我没有参与到店里的管理，我依然和他们在一起。

这一方面给了我成就感。每当站在台上，看着坐在下面的合作方，我就想：这些原本根本没有机会认识的人，却因为小天鹅成了同一战壕里的战友，为着同一件事——小天鹅的腾飞而努力，这是多大的缘分啊！而且，不仅是生意伙伴，还是朋友。我们在一起，不仅会聊到店里的生意，还会聊到自己的生活，自己的家人。我喜欢这种感觉，喜欢这种互相信任、互为亲人的感觉。

但另一方面，这也暴露出了我们的管理问题，并将小天鹅带入困境。这时候，我差不多每星期跑八座城市，像个救火队员一样天天救急，扩张速度的无限制增快、管理上的漏洞，让原本的繁荣慢慢变成了虚假繁荣，并将小天鹅带进了困境……

“天津模式”是合作者出钱，我们出所有的管理人员（员工和演员）。当时为了保证小天鹅从饮食到服务的“正宗重庆”特色，所有的管理人员都是我们从重庆派过去的。然而，由于发展速度过快，随着合作店的增多，我们培养的员工和演员不够用了。最后形成的局势是：如果我们派去的管理人员能力强、和出资者合作融洽、店面位置选择好，这个店的生意就好；反之则生意不好。更要命的是，一旦这家生意不好，整个区都发展不起来。

生意不好，出资者自然很着急，他们不停地打电话给我。因为当初给合作方的承诺是一年半至两年内收回全部投资，而且保证他们投入多少收回多少。像我这种重承诺的人，看到他们投资的钱一直收不回来，也跟着着急，压力非常大。那时候，分店的数量开始和亏本店的数量成正比。这种恶性循环的到来，让我们小天鹅自创办以来出现了最大的信任危机。经过调研，我们先确定的问题所在：

第一，开店时若选的位置不好，即使再用心做都做不起来。

第二，由于投资者和管理是两个个体，且最后按利润分成，所以一旦配合不好，或者因为没有严谨的合同约束，就会出现很多纠纷，进而导致双方互不信任、互相提防，没有心往一处想，劲往一处使，各自为政，互为不满，心里隔着一堵墙，店肯定做不起来。

第三，文化上存在很大差异。由于管理者是从重庆总店派出的，这些人只是去那里工作，三五年后还要返回家乡，所以很多人没有用心了解当地的风土人情和饮食口味。于是，我们的火锅与当地文化出现了格格不入的现象，生意做起来也就别别扭扭。同时，因为这种文化差异，管理者和投资方之间，时不时会出现想法和理念上的不一致，导致争吵不断，内部不和睦，也就很难会把生意做好。

第四，管理者素质上的问题。合作店越开越多，培训出的人员有限，素质也参差不齐。再加上外派本身就是短期行为，这使得一些总经理在任职期间容易浑水摸鱼，且为了加大自己的提成，故意不付房租、折旧、欠款、贷款等，全部计算成利润。这种不正当的谋私利方式让投资方极为不满，甚至互为“敌人”，店自然做不下去。

最后一点，曾经的“撒手锏”——歌舞伴餐，竟然也成了双刃剑。原因就是当歌舞开始后，食客怕看不到完整的表演，便不再来了。而在歌舞开场前坐下的，即使吃完了，表演没结束也就不挪窝。没有了翻台率，利润自然大大缩水。利润虽然缩水，但我们每年花30万养一支歌舞团的花费却丝毫没有减少。

……

无数个问题残酷地摆在我们面前，让我心有余悸。按照当时的规模，一个店的店面在1500~3000平方米左右，员工至少要150人以上，再加上40个歌舞演出团队在全国各地跑、三个歌舞培训中心，这样一算，数额大得惊人。如果仅仅是几个店甚至十个店出现这种问题，我们还能应付，可一下子有20~30家店出现了这种问题，我突然有种灭顶之灾的感觉——这个企业会毁在我手里吗？

为了挽回败局，我不停地奔向全国各地，成了真正的空中飞人。即使这样，我还是不停地接到加盟商和派出经理的电话。记得有段时间，我每个月的手机话费达到了上万元。我成了万金油，既是小天鹅的总裁，又是总经理，还是培训师。我不停地去给全国各个分店指导分析，和加盟商商讨谈判，但收效甚微。

现在想起来，我都不知道当时是怎么坚持过来的。我俨然成了一个“救火队员”，没有方向地四处“救火”。有时候坐在飞机里都有些恍惚，不知道要去哪座城市的哪家店。原本将小天鹅抬到极高位置的石梯，感觉突然间变成了泡沫，随时都可能破灭。那是我经商十多年来最迷茫的时候，我觉得脚下的路在下沉，不停地下沉，我想抓住一根救命稻草，但伸出手，却发现四周空荡荡的，看不到一点希望。

我知道管理上出现了问题，也找到了问题所在。可当我意识到，我拥有的经验不仅没能帮助我管理成功，反而成了问题时，我不知道该怎么办了！我要怎样做才能让几十家合作连锁店走出困境？让小天鹅脱离险境呢？

我就像一只无头苍蝇，在不断的电话求救中奔波着。正在我不知所措时，和我一起四处“救火”的助理一句话提醒了我，他说：“何总，我们公司现在出现了很大的问题，如果不进行整顿，继续这么这边开那边关，不仅对‘小天鹅’发展不利，还很可能会把‘小天鹅’做死。”我一怔，因为这正是我最担心的。

在我正无言以对时，他又说：“这肯定是我们的模式出现了问题，不如我们找一家专业机构来对我们公司做个诊断吧！看看我们的问题出在哪里，怎么解决！”

我又一怔。做了十多年生意，一直做得风生水起，怎么还要别人来给我诊断问题？难道我不知道问题在哪吗？难道我的经验真的不能帮助企业走出困境吗？我内心有些不屑，也很排斥，但冷静下来一想，我不正需要一根救命稻草助我走出困境吗？我迟疑了一下，慢慢地说：“好吧！那就请吧！请谁呢？”

“请亚洲的 FDS 特许经营组织吧！”助理说。

用 48 万元请 FDS 特许经营组织做诊断培训，这个价位在现在听来已属不少，更何况是在 1998 年。那时候，听到的人都以为我疯了，说我：“钱多得没处花了吧。”我也只是笑笑，不予解释。为了让小天鹅摆脱困境，让管理团队上个台阶，我愿意花这个钱。不过，最终并没有花那么多，因为只用了两个阶段就把问题解决了。

FDS 公司是当时世界上最大、最成功的特许经营咨询投资服务机构，负责人叫刘文献（他后来担任了北京师范大学珠海国际特许经营学院院长，并聘我为特许经营模式的客座教授兼职业领航导师。他还成立了国内唯一交易所级别的众筹网站——领筹网。2015 年，小天鹅开启互联网发展模式，我们再次成为合作伙伴）。

记得 FDS 刚来时，我也在心里犯嘀咕：“他们毕竟没做过火锅。请一群没做过火锅的人帮我们诊断，靠谱吗？”可当我拿到他们的诊断结果时，着实吓了一跳，因为他们准确地指出了小天鹅的问题所在：对未来没有明确规划。第一，小天鹅对要成为什么样的企业不明确。这种不明确让员工看不到企业发展的远景，是成功企业的大忌。第二，未来的战略规划和赢利模式没有结合。“天津模式”虽可赢利，但却有悖于小天鹅自身发展的战略路径，所以必败无疑。第三，没有真正意义上的特许经营模式。因为没有建立标准化和规范化的经营模式，使小天鹅的加盟变得不伦不类……

这些问题无异于把我押上了审判台，无异于在告诉我：你亲手创立并苦苦经营的加盟扩张模式是错的。我瞬间有种眩晕的感觉。

难道我十多年总结出的经验全错了？我无法接受！不仅是我，长光看到这份诊断时也难以接受。我们感到痛苦不堪，拒绝承认这个事实。然而，当我慢慢冷静下来，再一细想他们列出的几条，条条切中要害。这些问题造成的后果，不正一一呈现在我们面前吗？

“我不怕审判，不怕被打击！”我对长光说。承认了问题所在，FDS 又给小天鹅开出了两个药方：第一，加强总部建设；第二，换种模式做特许经营。

所谓加强总部建设的核心建议又给了我当头一棒，那就是：让我退位。“这就是变革，变革也许会给你带来镇痛，但如果不做这个改革，你永远依照原有的经营模式，什么都亲力亲为，企业迟早会死掉！”刘文献说。

“可我退位了做什么？”这话我是战战兢兢说出来的，因为我根本不能接受，十几年来，我一天不去店里，心里都不踏实。为此，我彻夜难眠。

“做教练！”刘文献肯定道，“这个企业是您亲自创建的，如果再不改变思路，不改革，这个企业很可能就会毁在您的手里。”

刘文献这句话的意思我明白。要想把企业做大，我现在必须先砸碎自己，然后重新塑造自己。虽然明白，但对当时的我来说，比死都难受。

刘文献看出我的顾虑，开始给我做工作，他说：“你的职位是总裁！”我当时并不知道总裁是什么意思，总裁要做些什么，一时有些慌乱。因为那时候，我哪一天不到餐厅去，不亲自和一些老顾客握手打招呼，我的心里就发慌。一下子让我把企业全丢出去，让职业经理人当经理，让管理团队来管理企业，我怎么可以承受？当时我有种迷失了自己的感觉。

刘文献知道我的这种痛苦，又找我谈话，教我怎么做总裁。他说：“你要做的应该是将军，是指挥打仗，而不是亲自上战场打仗。”他还说，希望我将十多年的经商经验变成一种标准化模式。他的这句话又让我吃了一惊，也让我重新找到了自信，因为他承认我的经验是有价值的。更出乎我意料的是，我的经验还能被转化为商业模式。我开始对他所说的变革有了兴趣。

除了让我退位做总裁外，刘文献还说要重新建立一种特许经营模式。建立新的特许经营模式的第一步就是做个系统的分析图。对于一些愿意加盟小天鹅者，先计算出加盟费、培训费，再算出店面需要的面积，总体（门面费、装修费、店内设备等）大概需要投入多少资金。有了投资需要的费用，再估算出每天会有多少营业额，能赚多少，每年要赚多少，等等。有了所需投资和销售预测，自然也就算出多长时间能收回投资了。

“如果有人愿意加盟‘小天鹅’，你们只需把这些详细的分析数据摆在他们面前，该不该加盟，他们一算便知，加盟的信心自然也就更足了。”刘文献的话让我激动起来，因为这份分析表，不管是投入还是所得，都实实在在地摆在那里，没有一点猫腻。这不仅是一份清清楚楚的账，更是重要的商业模式。这个商业模式的制定，就是FDS这样的专业机构也是算不出来的，可我却能清楚地算出来。因为我有着一二十年的经验，我对每家店、每笔投资、每项成本都了如指掌。

这些就是刘文献所说的：将我的经验转化为商业模式。

我领悟到了“退位”做总裁的意思，于是把开店赢利模式交给了有能力、有文化且有敬业精神的职业经理人，也就是我原来的助理仇一。仇一很快又把我教给他的一些经验提炼了出来。我们开始成立特许经营加盟中心，也就是专门做特许经营的公司。在这个公司结构里设有支持小组和配送中心。支持小组的职能就是用最快速度把赢利模式教给加盟商，并跟踪服务三个月，然后撤回总部。对于火锅口味的统一，主要由我们配送中心为加盟店提供小天鹅的秘密调料配方，这也就很好地保证了小天鹅火锅的质量。

我们的收入来源在哪呢？第一是品牌的加盟费，其实也可以叫管理费。因为除了加盟店使用小天鹅这个品牌外，我们还会定期给加盟店支持。比如说，我们支持小组会帮加盟商筹备开业、帮助开业，然后帮助加盟商推荐或招聘核心人员，同时帮助他们做定期的行销培训、策划方案等。加入了小天鹅，我们就是一个整体，所以我们每年还会派督导去了解加盟店的经营情况，包括一些新品研发。绝对不会出现加盟商交了加盟费、权利金后，我们就甩手不管的情况。

特许经营模式的标准化和清晰化，让我们的公司逐渐走上了正规化的发展轨道。此后，我们制定了很多规章制度和标准。比如在培养调味师的时候，我们加入了很多标准化的东西，像油用多少，辣椒用多少，等等，都有了一整套的标准配方。同时，我们还做出了一整套服务流程。

现如今，我们小天鹅已经有了完善的《天鹅航标》——小天鹅的工作流程。我们还将其做成视频，指导和培训小天鹅的所有工作人员。

新模式成熟了、正规了。但这次变革对我来说依然是个挑战，因为这减慢了我们的扩张速度，使小天鹅这个品牌受到了影响。但我明白，有时候，退一步的目的就是为了更好地前进；减缓速度就是为了走得更稳。

现在回想起来，FDS 的刘文献真的是在关键时刻拉了我一把。当然，这也成就了他。因为我的成功，他的名声也更响了，刘文献还把小天鹅的特许加盟模式作为他们的经典案例之一。

就这样，新的加盟模式的形成让我从直接参与者变成了指挥者，从一线运动员变成了教练。不过，在加盟店的小天鹅人的眼里，即使他们不能像以前一样时时见到我，却也知道，我仍然是小天鹅的定海神针，我一直在那里。

2000 年以后，小天鹅再次迎来扩张高峰，我们每年都以 30 余家的速度向全国辐射。2001 年，小天鹅被评为“全国餐饮连锁十强”，我被许多媒体誉为“中国特许经营第一人”。同年又荣获“中华餐饮名店”称号，总资产也达到了4.9亿。

随着小天鹅加盟店的成功，带动了整个重庆品牌火锅连锁加盟热，各种品牌火锅争相向全国辐射，大有席卷全国之势……但这次的教训也让我终生难忘，让我明白：很多扩张型企业最终垮掉，关键是因为管理、文化、人才等因素跟不上，一口气是不可能吃成大胖子的。

四、小天鹅宾馆：我的大学

1. 为爱退步：打造重庆首个三星级宾馆

小天鹅开始多元化发展了！1995年，继小天鹅火锅后，我们又成立了小天鹅宾馆。这是我们经营的第一家宾馆。

小天鹅宾馆的成立，首先得感谢长光。如果不是他突发奇想，我们不一定会那么早涉足宾馆业，而他的这一决定则和我的断腿有关。

那年，我在北京出了车祸，做完手术回到重庆后，整天躺在床上，偶尔下床走动也要坐轮椅。因为当时我们住的地方没有电梯，所以上下楼就成了我的一大困难。那段时间，我的活动场所仅仅局限于房间。一个爱跑爱动的人，忽然“瘫”在床上无法行动，那份焦躁和痛苦不言而喻。

长光懂我，他怕我在家里闷得慌，便想推我到楼下去转转，可面对一层层的阶梯，又怕把我摔着，只好作罢。

“我们到渝都宾馆住段时间吧！那里有电梯，出行也方便！”长光说。

我心想：“我的火锅店生意怎么样，客人吃得满不满意，这些都是我想迫切了解的情况，而我却因为行动不便去不了店里。如果住在酒店，上下楼方便，我也就能经常去店里看看了。”就这样，我和长光一拍即合，我们住进了渝都宾馆。

有一天晚上，当我们乘电梯回宾馆房间时，长光忽然感慨地说：

“住宾馆多方便呀！如果我们也能有家这样的宾馆就好了！”当时我只当他是随便说说，并没放在心上。不料，他有了这一想法后就去四处了解宾馆行业的情况去了。经过一番调查，觉得考虑成熟后，长光便对我说：“咱们办一家宾馆吧！”

他这句话一出，我的震惊丝毫不亚于1982年他告诉我要把新房卖掉时的感觉。我目瞪口呆地看着他。他解释道：“你开100家火锅店也是个小企业。火锅店做得再大，也只是个火锅店，产业不可能做大。可做宾馆就不一样了，宾馆做得好，会比做火锅的影响力大得多，而且更体面。”我虽然认可他的说法，但对做宾馆还是持保留意见，因为我认为火锅是我们熟悉的行业，而宾馆对我们俩来说都很陌生，可他却说：“任何行业刚刚开始做时都是陌生的，每一个行业都是从陌生做到熟悉。”

我们“公说公有理，婆说婆有理”，几番争论僵持不下，最后长光说：“既然咱们谁也说服不了谁，那就开会商讨决定吧！”

于是，1995年，小天鹅集团高层在成都召开了具有历史转折意义的“遵义会议”。在那次会议上，我据理力争，认为开宾馆有不可预知性，风险太大。我流着泪说：“如果‘小天鹅’做宾馆，不但要投入多年积攒的好几千万，还得负债近千万。成功还好，一旦失败，我们连乞丐都不如。”而长光则用他更坚定的口气和态度阐述了开宾馆的种种好处。

这是我和长光在工作上的第一次严重分歧，谁也不想退让。最后我妥协了。就像我们当年恋爱时一样，廖长光永远有说服我的能力，我想，或许这就是爱吧！

2. 负债、手术与眼泪

1996年9月26日，重庆小天鹅宾馆开业了。这是重庆第一家私营三星级宾馆，也是我们倾尽所有打造成的小天鹅升级项目。为了建设小天鹅宾馆，我们背负近千万债务，这也是我们下海经商以来第一次负债，而且数量不菲。更致命的是，跟我们八一路上的火锅店一样，小天鹅宾馆在开业初期并不顺利。要知道那时的八百万如同现在的八个亿一样，让我觉得异常的沉重，甚至感到了害怕。当时的心情到现在我还记忆犹新：我一下子觉得自己连一个服务员都不如了，服务员有工资、没债务，而我们却背着近千万的外债！

这时候，又发生了一件雪上加霜的事情。开业第五天，我独自飞往北京做手术，因为我要取出断在腿骨里的3枚钢针。医生告诉我：“你的股骨头已经坏死，想要救活这条腿，做完手术最起码要在病床上躺一年。”

听完我就直摇头：“躺在床上一年？这怎么可能？还有那么多的事情等着我去做。”想到刚开业的宾馆面临重重难关，想到小天鹅集团只有长光一个人在管理，我急得像热锅上的蚂蚁。更令我担忧的是，我刚去北京没几天，长光就因为工作强度大而犯了高血压。

倔强的我没有听从医生的好心奉劝，没有去做那需要躺在床上一年的手术。我又去了中日友好医院，在那里，我遇到了一个医生，他是成都人。那时候重庆还没有成为直辖市，还属于四川省，所以成渝也是一家。见到成都人，如同见到重庆人一样亲热。

听我描述完病情，这位老乡医生认真地对我说：“何总，我可以让你三个月之内就能站起来。”

我听了很是激动：“怎么让我站起来？”

他说：“你把这个骨头换了，换成一个不锈钢的。”

我疑惑地问：“那怎么这么多年来我都没听别的医生说让我换呢？”

他解释道：“因为你太年轻了，你出车祸时才四十岁。我们是把你的骨头换成不锈钢，不锈钢会和支撑它的‘碗’磨合，因为‘碗’是肉，所以最多只能磨15年，15年之后还要再做一次比这个手术更大的手术，那时不仅要换骨头，还要换‘碗’。”

看我没说话，他停了一下接着说：“为什么我劝你换不锈钢的腿呢？因为我知道你把事业看得很重，你不可能停一年不工作，那么唯一的做法就是只管眼前，把你的腿骨换了，我保证你三个月就能站起来。”

他是了解我的，我便没有再犹豫，马上让他们把我的左腿骨换成了不锈钢的。“先斩后奏”，做完手术后，我才把具体情况告诉长光。他立刻和从美国回来的女儿赶往北京来看我，看到病床上饱受折磨的我，父女俩强忍眼泪，心痛不已。走出病房后，两个人便抱头痛哭。

听到外面传来的隐隐哭声，我的眼泪也在眼眶里打转，但我告诉自己：“不能让他们看到我的眼泪，不能让他们为我担心。”就这样，我将在眼眶里打转的眼泪又憋了回去。等他们再回病房时，我哈哈大笑对他们说：“换上不锈钢的腿多好呀！以前太容易断了，现在好了，再也不怕它断了！钢铁腿！”

女儿和丈夫长光的眼泪再也忍不住了，哗啦哗啦地往下流。我继续安慰他们，和他们开玩笑，尽可能让他们相信，这个手术对我的身体一点影响都没有，我很好，非常好。

直到现在，我都没有后悔当初换不锈钢腿的决定，因为在那个关键时期，我们用爱打造的三星级宾馆已经奄奄一息，而长光的高血压差点让他命丧黄泉。如果当初我不选择换不锈钢腿，而真的躺在床上一年的话，将会发生什么？我真的不敢想象……

3. 三星级的价格，四星级的服务

在北京住院三个月后，我便拄着拐杖，心急火燎地返回了重庆。

鉴于我们的小天鹅宾馆正面临重重危机，我和长光决定对规划做一个调整。宾馆需要一个培育过程，所以不能急功近利，我们计划一年亏、二年平、三年赚。因为我和长光在宾馆经营上是门外汉，再加上我要经常去北京治疗腿，所以便聘请了个职业经理人。

职业经理人将假日酒店的管理模式引入小天鹅宾馆，引进国际化的人才和管理系统，让三星级的小天鹅宾馆，有了四星级的管理水平。这让小天鹅宾馆很快在重庆江北区，甚至整个重庆市都变得鹤立鸡群起来。

三星级的价格，四星级的服务，小天鹅宾馆怎能不火爆？

很快更大的发展机会来了。1995 年，当我们开始投资开办小天鹅宾馆时，重庆还只是四川省的一个市，但到了 1997 年，当我从北京看病回来，重庆已经变成了直辖市，并因此产生了大量的商务活动和政治活动，这给小天鹅带来了前所未有的机遇。各国记者的入住，就是小天鹅最好的广告。重庆火了，小天鹅也跟着火了。

1998 年，重庆举办了告别三峡游的活动。国内外游客蜂拥而至，小天鹅作为江北区唯一一家星级宾馆，几乎天天爆满，门庭若市。这场活动给我们宾馆创造了非常好的业绩。

我们打破了开宾馆是“一年亏、二年平、三年赚”的规律，创造了奇迹。第一年我们就赚了一千多万，第二年保持了第一年的水平，第三年依然如此。细算一下，小天鹅宾馆一年的利润竟然是小天鹅火锅整整十年利润的总和。

2005 年，小天鹅宾馆成立了酒店管理公司，开始了扩张之旅。3 月 18 日，我们的第一家商务酒店开业了，当时叫天鹅之星，后来改名小天鹅商务酒店，是家经济型的连锁快捷酒店。这家酒店也是重庆本土的第一家快捷酒店。2005 年底，我们的洪崖洞大酒店开业；2006 年 9 月，位于杨家坪的商务酒店开业；2008 年下半年，沙坪坝商务酒店开业……小天鹅拉开了快捷商务酒店的连锁经营之序幕。

小天鹅宾馆对我的意义是什么？

小天鹅宾馆成了我的大学：我和长光恶补管理知识、学会当老板的大学；小天鹅宾馆也是小天鹅集团的大学：为小天鹅火锅和集团其他各个板块业务输送高级管理人才的摇篮。小天鹅酒店由于采用了梯队式的管理人员培养模式，培养了大批管理人才，又被大家生动地称为小天鹅的“黄埔军校”。小天鹅宾馆就像个大熔炉，在里面历练过的员工，理念、素质和能力都得到了提高，它为整个小天鹅集团输送了90%的中高层管理人才。

在小天鹅宾馆的基础上，我们成立了小天鹅酒店管理公司，负责集团酒店业务和非火锅餐饮业务的管理和拓展。随着商务连锁酒店的扩张，很多原来在小天鹅酒店的一般管理人员，最后通过自己的努力和公司的培养都慢慢调到了连锁商务酒店做了中高层管理者。

小天鹅宾馆带给小天鹅一种团队精神。小天鹅从十六平方米的火锅做起，凭借艰苦创业，甚至是单打独斗，老板一人包揽采购、调味、服务、收银、洗碗等工作也能取得成功。可酒店不一样，做一个酒店的负责人，不能既是前台经理又是客房经理，甚至还是采购经理……做酒店需要的是团队合作，靠的是各个部门的分工协作，一个部门做不好，很可能满盘皆输。

所以，不管小天鹅发展了多少项目，做得有多大，我都会对员工说：“我们只要是‘小天鹅’的一员，就要有大局观念。在任何情况下，团队永远是摆在第一位的。”

伍

两次生死劫

2007年，小天鹅集团与来自美国的红杉资本、海纳亚洲合作，成立重庆佳永小天鹅餐饮有限公司，希望打造内地第一家餐饮上市企业，由此也开启了小天鹅火锅的国际化和职业化进程。在资本进入后，应风投职业化管理的要求，我本人逐渐淡出小天鹅火锅的管理。在资本的推动下，小天鹅火锅迅速发展直营分店，最高峰时全国共有130余家直营店、200多家加盟店，成为当时中国直营店开得最多的一家餐饮企业。但让我们没有想到的是，在上市前夕，我们遭遇金融危机，让小天鹅海外上市、国内上市的计划均被迫搁浅……经历生死劫后，我决定重新接管小天鹅。

一、“餐饮企业上市太难了”

1. 沈南鹏看上小天鹅

经过几年努力，小天鹅已经遍布全国，并 2 次荣获中国优秀特许品牌，连续 6 次荣获“中国连锁百强”“中国餐饮百强企业”的荣誉称号。2005 年，还被国家工商总局认定为“中国驰名商标”。

2006 年 7 月 26 日，内蒙古小肥羊餐饮连锁有限公司和欧洲最大的投资机构 3i 集团以及知名投资机构普凯基金正式签署了合作协议，成功引进 2500 万美元。由此，创建于 1998 年的小肥羊成为我国第一家引进外资的餐饮连锁企业。后来真功夫、一茶一座等餐饮企业，也先后获得了风险资本的投入。风险投资热捧餐饮品牌也就成了资本市场上的一个新亮点。

作为较早的知名餐饮企业之一，小天鹅其实并不乏资本追逐，但真正接纳资本进入还是走了一个很曲折的过程。这可能和我对资本的认识逐渐深入有关。

2006 年，小天鹅打造完成的洪崖洞虽然开市了，却还需要一个培育过程，洪崖洞所投入的钱已经让我们没有更多的钱再投进火锅。但我心里很清楚，一个品牌如果长时间没有开新店，没有新鲜血液的注入，这个品牌就会慢慢萎缩，慢慢死掉。

在这紧要关头，也就是 2006 年下半年，小天鹅火锅受到了国际风投基金的青睐，甚至有十多家国际风投基金分别就投资合作问题

我和沈南鹏先生的合影（左二为沈南鹏先生）

红杉资本中国基金和海纳亚洲创投基金成为小天鹅首轮投资人和战略合作伙伴

与我们进行了亲密接触。其中，来自美国的全球最大的风险基金红杉资本（Sequoia Capital）的沈南鹏，以及同样来自美国的实力强劲的海纳亚洲创投基金（SIG），与我们的合作意向最为强烈，他们提出的合作条件和方案与我们的战略发展思路也最为接近。

经过十多轮的艰苦谈判，我们选择了红杉资本中国基金和海纳亚洲创投基金最终作为重庆小天鹅火锅连锁的首轮投资人和战略合作伙伴。两支风险基金将在未来3年内陆续对小天鹅注资2000至2500万美金，力争五年内将小天鹅推向资本市场，打造内地第一家餐饮上市企业。

世界顶级风险资本巨资投入重庆消费品行业还是首次，从这点上来说，也足以说明我们小天鹅的实力。

世界顶级风投之所以向我们小天鹅抛出橄榄枝，就是因为小天鹅在经营管理中已形成独特的优势：

第一，产品优势。小天鹅在传统火锅产品的经营基础上，不断衍生出新产品与附加产品，并针对各个连锁加盟店因分布区域不同而导致的消费行为与偏好，研制出了不同口味的火锅底料，不仅实现了火锅底料的生产基地工业化生产，还实行统一配送，从而保证了小天鹅火锅各家连锁店口味的统一。

第二，价格优势。小天鹅火锅在价格上从面向高端商务客户转向大众消费。它把独特的火锅口味、良好的菜品质量、舒适的消费环境与优质的服务理念结合在一起的同时，保持价格合理，给消费者一种物超所值的感觉。

第三，经营优势。小天鹅成功开创中国民族餐饮直营连锁与特许加盟相结合的经营模式。根据国内不同地区的经营状况与市场状况，推行区域总代理制，让成功的加盟商更直接地帮助和支持区域的新加盟商，降低了加盟商创业的风险。

此外，小天鹅连锁管理系统注重引导区域内的不同加盟商就管理运营、经营技巧、人员培训等问题进行交流和培训，形成了“比学赶帮”的良性机制。同时，在营销上创立特色，比如根据不同季节和不同节日进行品牌促销，还不断因地制宜策划丰富的促销方案，为加盟连锁的又快又好发展提供强有力的技术保障和智力支持。所有这一切，都是风投青睐我们的原因。

选择是双向的。我们小天鹅能接受风投进入，目的并不仅仅为了融资，而是想通过与世界顶级风险资本的合作，为小天鹅火锅产业引进先进的管理经验与高级人才，给我们带来一种国际视野。同时，小天鹅餐饮也非常看重“红杉资本”与“SIG”在国际上的知名度和品牌效应，希望通过与沈南鹏、计越、龚挺等风投成功人士的真诚合作，不断扩大自身品牌的知名度和影响力，提高小天鹅餐饮的经营管理能力和决策水平，为小天鹅品牌的全球扩张提供智力支持和资金保障。

2. 我的放权与淡出

风投给我们整个小天鹅带来的变化十分巨大。

首先，风投入驻后，要求我们拿出10%的股权给管理团队。虽然他们提出这个要求时我有些惊讶，但还是毫不犹豫地答应了。因为我明白，对于一个企业的发展，高层管理团队至关重要，有了这个激励机制，他们肯定会最大限度地发挥聪明才智和工作热情，从而把企业做得更好。在风投的建议下，我们除了建立人事档案外，还拿出几百万资金订购了财务软件，如果是以前，我肯定舍不得拿出这么多钱来做一套财务软件。然而，当我转变思维后才发现，这钱花得很值。

自从有了这套财务软件，我们只需坐在总部，不用出门，不用打电话，都能分分秒秒地观察到我们全国各地的连锁店的经营情况，也能分分秒秒地对每一家店进行财务分析，只有对各个店的真实情况有了切实了解，才能更好地便于我们指导工作。所以说，财务软件让我不再做“空中飞人”，明显地提高了工作效率。

风投的入驻帮助我们招揽了很多国际化人才。“人才是企业发展的关键！”这句口号很多企业都在喊，但能真正做到的并不多。要想在全球市场上有一席之地，就要招揽国际化人才，这是风险投资注入小天鹅后给我们带来的又一巨变。如果没有和风投结缘，在火锅餐饮上，我们挑选的可能还是一些本土化的人才，因为我一直偏颇地认为，本地人更能理解我的意思，而且能干得长久。

风投加入后，通过管理制度的改变，我的顾虑也就不存在了。风投给小天鹅铺就了一条国际发展路线，所以我们在选用人才时也就大胆了很多，不再只拘泥于本地，同时也打破了同行企业给的薪酬制度。只要是人才，他的能力值多少钱就给他多高的工资。我们开始招聘曾经服务于麦当劳、肯德基、德克士的人才，以及曾经服务于大型上市公司的高管。

当然，招来国际人才的关键是要留住他们，让他们肯为企业奉献智慧。这就要创造适合于他们发展的土壤，给他们提供宽松的环境，要摒弃一切狭隘的地方主义。选拔人才时，我们不再考虑他从哪里来，不管是外省人、台湾人、香港人，抑或是外国人，只要他（她）有能力，我们都会聘用。

这些人进来后，我们给的工资待遇也都非常好。这时候，我不再考虑他们会来我们企业做多久，我只希望他们的到来能为我们企业带来不一样的理念、特别的感受。所以当这些高管进入我们的企业后，我们都会把他们安排在核心部门。比如在2007年的时候，我们请了一些台湾来的同事，他们以前曾经在麦当劳、肯德基、百盛做营运，可以说是运营专家了。到我们小天鹅后，他们做了营运总监、产品总监。还有我们以前做连锁的副总，也是直接从外面聘请来的，并不像以前是由小天鹅慢慢培养起来的。

以前，哪个片区缺了管理人员，都是由总部调，即使能力不够，也是先上岗，然后摸着石头过河，慢慢成长起来。但现在完全不同，哪个片区缺少管理人员，我们直接招聘一些高素质、有能力的人才，“空降”到那个片区，这些人才一上岗就能上手工作。

人才的国际化、专业化，让我们管理团队的素质越来越高，能力越来越强。而我选择逐渐淡出了小天鹅的管理。一方面，这是风投进来后，给小天鹅带来的运营和管理模式的变化。2007 年风投进来后，小天鹅火锅餐饮业成立了五个人的董事会（廖董和我，仇一和两家风投负责人）。董事会成立后，重大决策权也都集中到了董事会，包括审计，都是外包给外面的专业人士，查到问题后即刻责令相关部门整改。另外一方面，2001 年到 2006 年这 5 年期间，我几乎全身心致力于洪崖洞的开发设计，很少参与小天鹅火锅及宾馆的管理。

3. 被迫中止的“上市”路

小天鹅的上市之路可以用曲折来形容。

2007 年 7 月 18 日，由重庆小天鹅餐饮连锁集团、红杉资本中国基金、海纳亚洲创投基金共同组建的重庆佳永小天鹅餐饮有限公司成立，将重庆小天鹅火锅资产打包注入，开始了上市的征程。

但企业要上市，规模和盈利必须达到一定的要求。而小天鹅当时的直营门店还仅限于重庆市内，市外基本上都是加盟店，规模根本就达不到。

为了实现上市所需要的规模，小天鹅火锅要在未来 3 ~ 5 年，完成进一步扩张。

除了规模之外，供应链还必须正规化和标准化。为此，我们花了大力气对旗下的直营店进行了“提档升级”。当时一家直营店装修要花 500 多万。2010 年，小天鹅单是在重庆就开了六家直营店，仅这项就花费了近 3000 万。

我们还针对回购结盟店以后遇到的包括菜品、汤料、选址等问题，进行了产品形态调整：从大锅转向了时尚型的分餐制小锅，而且开店规模也做了调整，不再找以前几千平方米的大店，而是找几百平方米的小店。选址上，也从临街店铺转向了购物中心。

新开直营店、回购加盟店以及大规模装修升级，都使小天鹅的运营成本快速上升。但小天鹅的上市之路却没有预想的顺利。2008 年，小天鹅火锅向上市之路前进时，遇到了 2008 年金融危机，美国资本市场剧烈震荡，海外上市被迫搁浅。

我们决定转回国内上市。由于股市出现巨幅下跌，2011 年前后，证监会暂停了 IPO 新股发行，等到新股发行重启之时，对于小天鹅来说，这来得太晚了。

我决定就此放弃上市 IPO。我认为：餐饮企业上市太难了，即使上了市也难做好。而且，现在中国资本环境不适合我们公司做上市。

二、小天鹅“嫁人”始末

1. 联姻：给她找了个“高富帅”

2014 年 9 月，商务部发布的一则公告引起舆论哗然。公告显示：“弘毅投资基金五期有限合伙收购重庆佳永小天鹅餐饮有限公司单独控制权”，弘毅基金将通过投资工具收购小天鹅餐饮约 93.2% 的股权。

因为这次合作还没有最终敲定，我们双方都想低调进行，但没想到将收购意向报给商务部后，商务部会发“同意收购”的正式公告。如此一来这个事情被外界广泛知晓了。

很多人对此不能接受。有人甚至说道：“我是看着小天鹅火锅一步步做起来，现在卖了，感觉好像连对小天鹅的感情，也因为这次交易而被出卖，以后可能不会吃小天鹅了。”那段时间，我也收到很多来自身边朋友，乃至媒体的询问。

对我来说，小天鹅不是卖，而是“嫁”，我给她找了个“高富帅”。弘毅收购小天鹅后，我只是从大股东变成了小股东（收购完成后我将持股 6.8%），但我的精神、我的故事还在小天鹅，这个永远不会变。小天鹅是我的“女儿”，我永远是她的母亲，我会一如既往地关注、支持她的创新和成长。这点也永远不会变。我为什么作出这个决定呢？其实主要是出于三个方面的原因考虑：

一是当时我的兴趣转移了。彼时我已经退出了小天鹅的管理，正在北京为养老地产项目奔波，实在分不出太多精力在这上面。

二是企业做到一定的时候需要整合。当时小天鹅成立已经33年，也是时候要整合了，不然说不定哪天不见了。

三是小天鹅的上市计划被迫搁浅，小天鹅的发展确实受到了一些影响，我们陆续关了好几家店。经过一番深思熟虑，我和我的团队都认为，这个时候“嫁出去”对小天鹅来说是个好事，再不嫁就要成“剩女”了。而弘毅是一个好“婆家”。

弘毅投资是联想控股旗下的PE（私募股权基金），柳传志任董事长，当时管理资金总规模超过460亿元人民币。弘毅投资从2013年开始就在消费领域有所布局，并专门成立了餐饮行业并购管理平台——弘记餐饮管理集团。其投资收购了主营韩国烧烤的权金城国际餐饮有限公司及其旗下的子品牌“权味”，2014年7月又以近9亿英镑（约95.5亿元）收购了英国休闲餐饮品牌Pizza Express全部股权。这是欧洲餐饮行业过去五年中金额最大的并购案。

事实上，在2012年，弘毅投资基金就找到了我，表示了收购小天鹅的愿望。

2013年底，双方正式就收购方式进行洽谈。刚开始我其实只想转给他们一些股权，但他们提出要控制权，我经过了很久的思想斗争还是同意了。

我曾问过弘毅方：“为何在万千火锅品牌中，看中了小天鹅？”

对方回答我：“联想很看重中国的民族品牌，也立志打造像肯德基、麦当劳一样属于中国的民族餐饮品牌。而小天鹅有33年历史，简直太难得了，加上小天鹅的规范化管理和清晰的现代财务，正是我们想寻找的民族品牌。”

这个回答让我很兴奋。因为这一目标，与我为小天鹅规划的目标是一致的。而且，柳传志在我心目中是一个很有责任感的企业家。我相信在他们手中，小天鹅可以再做50年、100年，成为世界级的民族品牌。

2. 悔婚：“过日子发现问题很多”

不过，在经过几个月“试婚”之后，我们和弘毅协商终止此次合作。媒体称之为“分手”。

是什么原因导致这次合作告吹呢？简单来说，就是一起过日子后，才发现问题很多，而且很多事情磨合不到一块。

2014 年 9 月份，商务部公示出来之后，意味着双方到了谈婚论嫁的一步。要走最后的法律程序了，于是，我们双方开始真正地坐下来商谈未来如何过日子。

双方坐下来，一个一个问题的讨论后才发现，过日子并不是靠之前的兴奋就能解决问题，过日子也不是靠小天鹅的漂亮报表就可以的。

其中最主要的一个矛盾是弘毅方面的经营管理思路与小天鹅管理团队的思路显得格格不入。弘毅的团队更多是具有投资背景的人，深谙现代管理之道，而小天鹅则是一家创立了 33 年的企业，依赖的是一个磨合了十几年的高管团队。

两种不同理念在磨合时遇到了不少不可调和的问题，比如说弘毅之前打算要关掉我们的十几家效益不是很好的门店。但是在我看来，我并不会关闭这么多，可能采取更灵活的方式，比如让加盟商来接手。

更重要的是，餐饮行业，人才最重要。弘毅收购小天鹅之后，控股权不再在我手里，小天鹅的高管中估计有三分之二要流失。

更重要的是，餐饮行业，人才最重要。弘毅收购小天鹅之后，他们提出：天鹅的现有高管要继续服务一年，否则要扣押 20% 的收购费用。这也是我所不能接受的。

而且，对于像小天鹅火锅这类的传统餐饮企业来说，人才以及所形成的公司管理文化是公司走到现在的重要原因。但一线的火锅经营人才又是弘毅所欠缺的。我相信，如果他们完全按照规范或者现代的理念去经营小天鹅火锅店，小天鹅离死就不远了。而我不能眼看着小天鹅倒掉。

小天鹅品牌走了33年，已经不是我一个人的事，如果因为我一时冲动而让员工和品牌因这次挪动而流失了，那么，我将是小天鹅几万员工的罪人，也是重庆火锅的罪人。幸好对方也跟我持同样的理念，认为：合作是希望把小天鹅的品牌做大。如果做不到，不如暂时停下。毕竟，“33年的品牌，是不能用钱来衡量的。”

决定不卖了，决定悔婚。

而更让我欣慰的是，在董事会和股东大会上，当我提这个提议时，大家都非常支持我的决定。

就这样，双方的联姻正式搁浅，小天鹅的控股权最终又回到了我自己的手上。至今为止，我依然确定这是一个正确的决定。小天鹅虽然没有以前大，但是很安全。随着洪崖洞存在100年，小天鹅也会继续存在100年。

“与弘毅牵手‘告吹’，心里有没有失落？”有人问我。

说实话，直面过去，真的需要勇气。那一年，我的内心都很纠结。我也有过担心，这个事如果不做了，社会舆论会怎么看。但是后来，我想明白了。事实就是事实，必须要面对，把自己砸碎了再重生。

不管是成功的何永智，还是失败的何永智，都是真实的何永智。我需要去真实呈现。这也是我特意将这段经历写进这本书的原因。

正是经历了上市失败、联姻失败，我才得以重新审视小天鹅的发展。

我意识到：我已经放手小天鹅的时间太长了，是时候回归，重新把小天鹅带好了。对于10年来未参与小天鹅火锅管理，我确实是有些遗憾。不过，我决定重新回归，一切都不晚。在今后一段时间，小天鹅将暂时不找合作方，下一步我们的目标不是要把小天鹅做多大，而是要做更好。以前，小天鹅瞄准的是太阳，太阳虽然耀眼，但是它距离人们太遥远了，今后，小天鹅就做一只灯泡，灯泡虽小，但很温暖，可望可及。

三、回归谋变：重新让小天鹅飞起来

1. “关店潮”来了

2017 年 8 月 22 日，在重庆洪崖洞巴渝剧院，小天鹅集团管理层及员工近千人参加了“初心与未来——小天鹅创始人回归演说会”。在他们的见证下，我宣布重新回归小天鹅。这一年，小天鹅火锅创立 35 周年，距离我阔别小天鹅已经 10 年。在会上，我宣布：我将和自己的女儿廖韦佳一起，领导小天鹅“重整旗鼓”。

“新消费时代，小天鹅如何升级与创新？”这是回归后，我思考更多的问题。这些年，小天鹅也因引入资本而对品牌疏于管理，再加上我淡出管理团队，小天鹅火锅曾一度面临管理人才、企业文化资质参差不齐，各店的经营盈亏不均、产品服务、口味没有改善创新等严峻挑战，导致小天鹅市场份额不断下降，消费者投诉增多。

我意识到：“小天鹅必须进行战略调整了。因为这个时代，如果不转型，只有等死。如果你不走出一条崭新的道路，不去学习，也只能等死。”

从 2017 年 8 月起，小天鹅火锅掀起一股关店潮。我把不赚钱的店、需要重新进行大量投资的店，及把全国 4 大运营中心全部收缩或关掉。而这一切都是我们进行战略调整的一个重要内容。

看着一家家店相继被关闭，我的心在滴血。看着小天鹅从以前的无限风光，到处能看到它的影子，到现在慢慢淡出了很多城市，我心中的痛苦可想而知。

但是没有办法。创业不易，守业更不易。这是当时最好的选择。今年年初，“新冠”肺炎突然袭击，更证明我的选择没有错。伴随着2020年“新冠肺炎”的大爆发，如果小天鹅没有关店，只会损失更多。

2. 最大最潮的火锅店

打造重庆小天鹅火锅洪鼎旗舰店，是我回归后做的另外一件大事。

它是我们用心打造的小天鹅旗舰店、形象店，精心打造的未来的百年店。

它位于洪崖洞4楼天街上，是以商务宴请为主的高端火锅品牌。

“我们希望将火锅麻辣沸腾的美好滋味，融入重庆绚丽多彩的景色之中，让食客们从味觉、嗅觉、视觉、触觉、听觉全方位感受这座城市的魅力。”所以，除了在味道、菜品上追求极致，我们还在装潢上费尽心思，力争装修到位。

这一次的装修都是我亲力亲为。店里的装修风格都是我的想法，包括小摆件都是我亲自挑选的。这次装修我们逐步回归到了小天鹅原有的风格上，在桌椅、锅碗等细节方面，都体现了小天鹅的品牌特色。全店共4层，每一层都各具风格：

4楼，巴渝风情，再现了我喜欢的歌舞伴餐，这也是小天鹅首创。餐间有变脸、旗袍秀、双人舞等巴渝特色的演出。

5楼，洪崖别院，设计采用了典雅的新徽派建筑风格，白墙黛瓦，自然清新。更有来自三星堆的雕塑陈列其中。共有9间精致的看江包房，以及舒适的江景大厅。

6楼，民国后花园，只有4个带花园的包房。装修采用奢华典雅的民国设计风格。食客在用餐之余，更可以在自带的花园里饮茶会友，凭栏赏景，非常惬意。

7楼，锦绣中华豪华大包，可同时容纳20人同时进餐。设计大胆地采用了藏族传统彩绘技艺，使用了金粉、玉石、珊瑚等珍宝及矿物颜料。为此，我们邀请了两位来自西藏的非物质文化遗产继承人，耗时三个月精心绘制而成。

同时，由于洪崖洞是全国知名的网红景区，受到市委市政府高度重视，是特级消防防火单位，洪鼎店所有的木质梁柱、廊檐、窗棂，实际上都是钢结构，这样既保留了设计风格，同时也满足了防火等级要求。现在的“洪鼎”火锅店，成了众多游人必来的“打卡地”，每天下午5点后，店外就开始排起了长队。

洪鼎火锅店是我们用心打造的小天鹅旗舰店、形象店、未来的百年店。

陆

为“重庆火锅”而战

有人说：“如果没有重庆市火锅协会，就没有重庆火锅这张城市名片。”2001年，我垫付3万元成立了重庆市火锅协会，并四次担任火锅协会会长。在重庆市火锅协会的带领下，重庆打败成都被认定为“中国火锅之都”，成功举办十一届重庆火锅节，并正在积极推进重庆火锅的“申遗”工作。

一、“我是重庆市火锅协会会长”

1. 第四次当选会长

2018年6月12日，我高票当选第五届重庆市火锅协会理事会会长。此次当选是我在连任第一届、第二届、第三届会长并作为“火锅协会终身名誉会长”之后，第四次担任火锅协会会长。第四任会长是德庄火锅李德建董事长。火锅节如何创新办成高水平的盛会？火锅行业那么多痛点如何去解决？这也是我此次重新担任重庆市火锅协会会长后会重点关注的大事。

重庆市火锅协会在很多关键时刻发挥着重要作用。举一个最近的例子：从2020年年初开始，新型冠状病毒蔓延全国，为有效防止疫情蔓延，打赢疫情防控阻击战，1月28日，作为重庆市火锅协会会长的我向全市火锅企业发出《坚决打赢疫情防控阻击战倡议书》，倡议广大火锅企业尽快出台有利于疫情防控的有效措施，勠力同心、共克时艰。

《倡议书》中，我提出三点倡议：各企业高度重视疫情防控工作，落实突发公共事件一级响应的各项要求，主要负责人要在岗在位，全力做好防控工作；引导全体员工从自身做起，主动做好自我防护，勤洗手，少外出，不组织和参与集体聚餐和各类聚会，不造谣、不信谣、不传谣；尽快出台有利于疫情防控的有效措施，积极开展“送温暖、献爱心”活动，为打赢疫情防控阻击战做贡献。

重庆市火锅协会文件

渝火协（2020）3号　　　　签发　何永智

坚决打赢疫情防控阻击战倡议书

全市火锅企业：

为维护公共生命安全及身体健康，切实落实习近平总书记“关于新型冠状病毒防控工作”的重要指示精神，有效防止疫情扩散和蔓延，坚决打赢疫情防控工作阻击战，本会向全市火锅企业发出倡议：

一、各单位要高度重视疫情防控工作，积极落实市委市政府突发公共事件一级响应的各项要求，主要负责人要在岗在位，全力做好本单位的防控工作，把人民群众生命安全和身体健康放在首位，把疫情防控工作做为当下的头等大事，切实抓好做实。

二、要切实做好疫情防控宣传工作。各单位要引导全体员工从自身做起，主动做好自我防护，勤洗手，少外出，不组织和参与集体聚餐和各类聚会，不造谣、不信谣、不传谣，与全市人民一起共同做好疫情防控工作。

三、在当前严峻形势下，各单位要认真按照国家卫健委防疫指南，尽快出台有利于疫情防控的有效措施，戮力同心、共克时艰。要勇于担当，积极开展“送温暖、献爱心”活动，为打赢疫情防控阻击战做贡献。

现在是全行业、全社会同舟共济、共渡难关的重要时刻，各大火锅企业为响应国家号召，为了广大市民和员工的生命安全，独自承受着春节期间各项运营成本的巨大压力和经济损失，纷纷延后开店时间。因此，我会诚挚商请各商铺业主在此非常时期为广大有担当的火锅人开通绿色通道，酌情减免租金，共同分担为维护公共安全而带来的困难！让我们齐心协力，携手前行，蓄势迎接疫情过后的灿烂春天！

重庆市火锅协会

2020年1月28日

同时在倡议书中，我还呼吁，希望各商铺业主在此非常时期，为广大火锅人开通绿色通道，酌情减免租金，“共同分担为维护公共安全而带来的困难，齐心协力，携手前行，蓄势迎接疫情过后的灿烂春天！”

重庆市火锅协会对重庆火锅行业有多重要？有人这么总结道：“‘重庆火锅’能够成为重庆的城市名片，跟这个协会有关。可以说，如果没有重庆市火锅协会，就没有重庆火锅这张城市名片。”

成立重庆市火锅协会，最初目的是与成都火锅相抗衡。我是重庆市火锅协会的发起人。20世纪90年代末，我把重庆火锅带到了成都，瞬间点燃了成都人吃火锅的热情。当时成都政府很重视餐饮业发展，川菜的名声更是响遍全国，他们开始举办美食节，节日现场热闹非凡，品牌大多是成都火锅，使得重庆火锅明显处于劣势。2000年之后，成都火锅更是借助美食节的热风，吹起了连锁之风。率先推行连锁经营的是成都的谭鱼头火锅，在不到两年的时间里，谭鱼头在全国开设了100多家连锁店，还曾一度创造了五天开一家分店、一天赚一辆奔驰车的纪录。

与此同时，成都皇城老妈、蓉城老妈、光头香辣蟹、张大胡子、

2001 年，重庆市火锅协会成立仪式

三只耳等品牌也迅速向全国各地扩张。而重庆，除了我们小天鹅火锅、苏大姐火锅具备像样点的规模外，其他的都只是小打小闹。眼看成都火锅有压倒重庆火锅之势，又听到成都火锅界的同行在议论纷纷，说火锅的发源地在成都，甚至说到了具体的地方——川西坝。

作为一个重庆人，特别是一个重庆的火锅人，怎么忍心看着别人把火锅的发源地抢去？火锅的发源地明明就在重庆码头，难道火锅也要像辣子鸡、烧鸡公、啤酒鸭一样，最后都成了成都特色？以后大街小巷出来的都是成都火锅？

想到这里，我的危机感越来越强。我开始反思：成都火锅界之所以敢这么说，就是因为成都有几家有规模的火锅店，而我们重庆却找不到几家。找到了问题的症结所在，也就找到了解决问题的办法：让重庆火锅界团结一致、共同进步，只有我们整体发展壮大了，才能和成都火锅抗衡。但怎样才能让重庆火锅界协同发展呢？成立重庆市火锅协会！

于是在 2001 年，我毫不犹豫先垫付了 3 万元去民政局做社团登记，重庆市火锅协会正式成立。经过大家推选，我做了第一任会长。协会最初有 8 家会员单位——小天鹅、苏大姐、露凝香、台北火锅石头城、桥头火锅、韵苑、维也纳、陈川东。自此，重庆火锅的品牌形象开始全面树立，协会积极开展“放心健康火锅企业”“放心火锅底料”等评选活动，组织企业“走出去”、开展连锁经营，规范并自律了重庆火锅行业，推动了行业整体健康良性发展。

2. 火锅协会，为了什么？

上任后，我想方设法组织大家搞活动，目的很简单：为重庆火锅扬名，把重庆火锅这把“火”点燃。

我们开通了“重庆火锅”网站，不仅介绍重庆火锅的由来和历史演变，对火锅的特性、风味、品种、菜品及营养价值也进行科学分析，把小天鹅20多年的特许经营、连锁加盟的经验和模式无偿与同行分享，还特别邀请了亚洲特许经营组织FDS的刘文献总裁专门到重庆为他们做培训。以前都说同行是冤家，但自从成立协会以后，同行变成了朋友，变成了相互交流、相互帮助的伙伴，协会因此取得了人心，会员单位迅猛增长。

为了向成都火锅学习，我们还组织会员参加成都的各种博览会。为了让火锅协会的成员抱成一团，我发挥自己做衣服的特长，为会员设计会服。会服的颜色是鲜艳的红色，那是我们激情和活力的表达，同时也象征着我们火辣辣的火锅。有意思的是，我们的会服上面都印有“重庆市火锅协会”会标，我们去成都参加他们的美食节，一眼望去，到处都是我们红彤彤的重庆市火锅协会会员的身影。正因为会员们如此团结，协会刚一成立便产生了巨大的影响力。

有人对我说，如果没有何永智，重庆火锅就不会成为今天的城市名片。我非常感谢大家对我的肯定。在我看来，所有的付出都是应该的，也是值得的，我想把最先进的东西传授给会员，把我的成功经验和大家分享。我带大家去我的企业和工厂参观，甚至把FDS

在“5·12”汶川地震期间，我带领小天鹅的员工为抗震救灾贡献自己的力量

传授给我的新连锁方式教给我们协会的副会长，希望他尽快把自己的企业发展壮大。几年下来，很多会员单位都跟着火锅协会成长起来了，现在的德庄、秦妈、刘一手、家福、苏大姐、奇火锅等众多企业已经成了重庆响当当的火锅品牌。

看到我为协会的发展如此呕心沥血，一些人很不理解，觉得我很憨、很傻，有人还揶揄我：“一个公司的老板，拥有那么多事业和资产，干吗还去当那个吃力不讨好的会长？干吗把那么多时间和精力浪费在协会上面？”小天鹅集团的很多同事也开始颇有微词：“你把集团的核心技术都传授给了竞争对手，这对我们以后的发展不利啊！”但我顶住压力，坚持认为，既然我是协会的会长，就有责任带领大家一起捍卫重庆火锅这个“大盘”，我现在代表的不只是小天鹅，而是整个重庆火锅行业。我相信，小天鹅不怕竞争，只有在竞争当中才促使它更加努力地发展！

对我来说，重庆火锅是我事业的一部分，是我的最爱。小天鹅是在重庆起步的，可现在却很难找到那个时期创业的人，他们都因经营不善而倒闭了。作为重庆火锅经营时间最长、也是唯一幸存的一个，我能深切体会当初创业的艰辛。如果重庆火锅还是一盘散沙，我的小天鹅即便做得再大，也不足以支撑整个重庆火锅市场，更不可能使其成为城市的一张名片。俗话说，众人拾柴火焰高，只有大家共同托起重庆火锅这个“大盘”，我们这些“小盘”才会有发展的平台。所以，我希望有更多的人和我一起来托这个“大盘”，并且托得越高越好。

对于集团内部人员的顾虑，其实我并不担心。我愿意和大家分享好东西，正是因为我有这份自信，我可以凭借我的创新经验成就自己。不管是以前经营火锅还是现在经营多种产业，不断创新是我的法宝。实际上，和别人分享我的创新成果也已经由来已久，我发明的鸳鸯火锅连专利都没申请，如今在重庆、全国甚至全世界都在免费使用。我认为，我的发明用的人越多，证明它的价值越大。再说，身边有个竞争者并不是坏事，因为这更能激发我的创新意识，让我不断革新。作为重庆火锅的领头羊，后面不能没有狼追着跑，没有了威胁和压力，我也不可能带好这个头。虽然我为火锅协会付出了很多，但也有不少收获：铸就了重庆火锅这个品牌，获得了大家对我的认可和尊重，更重要的是打造了重庆的一张城市名片。

近年来，中国饭店协会、中国烹饪协会评选的全国餐饮百强中，重庆火锅就占了 14 强，能收获这样的荣誉，协会的每位成员都功不可没。大家都希望重庆火锅能走得更远、更稳，为此，他们都十分团结，努力把重庆火锅这个“蛋糕”越做越大。

目前，协会已经由当初的 8 个会员，发展成了将近 600 个会员、几万家火锅企业门店、数百万就业大军的大协会。许多会员单位都做得十分出色，在全国的开店数量有些已经超出了我们小天鹅。很多人问我：“看到这种情况，你会不会难受？”我毫不迟疑地回答：

“我不仅不难受，相反，我还感到无比欣慰，重庆火锅出了这么多品牌，说明我们火锅协会的存在是有价值的，我这个会长当得还算够格。”我连续当了三届会长，我认为无论谁做这个会长，都要有一种不怕被超越的气度和甘于分享自己经验的胸襟。

由于我们协会在引导重庆火锅产业健康、行业飞速发展中做出了积极贡献，国家民政部和全国商业联合会分别授予我们“全国先进民间组织”称号和“中国商业服务业改革开放三十周年卓越组织”的殊荣，我们先后获得各类特殊贡献奖和重庆市抗震救灾先进集体、重庆市普法用法先进集体等各类荣誉三十余项，2011 年，我们又受到了重庆市人民政府“先进民间组织”的表彰……这些荣誉，是对重庆市火锅协会的肯定，更是对我这个会长的认可。

3. 成渝之争：舌战茶亭定乾坤

之前提到重庆市火锅协会成立的最初目的就是为了抗衡成都火锅，夺回原本属于我们的火锅发源地之称。“成渝之争”中关键一战是“舌战茶亭”。

随着协会组织的几次活动都非常成功，加入的会员也越来越多。初具规模后，我们便向成都火锅界发出了战书，我们要打擂台：你们不是说成都是火锅的发源地吗？我们不服！

当时，成都还没有真正意义上的火锅协会，只有一个旅游饭店协会，会长也不是企业家，更不是做火锅出身，所以这个类似官办协会的组织作用发挥得不是很好。成都有点名气的火锅企业，如皇城老妈、狮子楼、热盆景、谭鱼头等，都没有加入他们的协会。从组织结构上看，成都火锅界已经输了我们一大截。后来，我带领重庆市火锅协会的会员跑到成都去打擂台，我们去了二三十家，而他们出面的只是以谭鱼头、三只耳为首的不足十家企业，他们在气势上又大逊数筹。

那次的辩论地点是在成都的于新茶楼。双方一坐下来，便争得面红耳赤。我从容淡定地品了口茶，稳定情绪后，胸有成竹地说：“我要给你们讲个故事。”成都人和重庆人最喜欢摆龙门阵，但由于我在火锅界的影响大家有目共睹，所以两边吵嚷的声音也都慢慢平静下来。

我把重庆火锅的历史向大家娓娓道来：“重庆火锅在古代的巴蜀时期就存在了，之所以存在，就是因为重庆濒临两江，气候潮湿，有着‘雾都’之称。那时候，工作和生活在江边的纤夫和船夫，因为经济条件有限，没钱买更好的食物，为了既能填饱肚子，又能驱寒祛湿，就从江里打捞一些屠夫们宰完牛扔掉的下水，或是去买一些廉价的牛肝、牛心、牛舌、牛肚等，把它们洗干净，放在搭起的简易灶上煮。为了祛除腥味，他们会加一些辣椒、花椒、姜、蒜等调料，这加强了火锅的御寒功效，也促使火锅逐渐普及开来。等到手头更宽裕的时候，他们还会买上一些牛骨头放在火锅里煮，甚至放入一些野菜和青菜之类的蔬菜。这种吃法不仅方便，而且非常实惠，深受船工和纤夫们的喜欢，便慢慢传承下来。那个时候，一些达官贵人称这种混在锅里煮的食物为‘贱食’，根本不屑一顾。而这，其实就是火锅的雏形。”

听我讲得有理有据，那些空喊火锅发源于成都的成都人都默不作声。成都和重庆的很多媒体都见证了这次舌战，并进行了大量报道。在他们的宣传下，这件事很快传播开来，之后，成都火锅界再也没说过火锅起源于成都之类的话。

成渝火锅之争第一次正面交锋的胜利，带给我们极大的勇气和信心。我带领重庆火锅界趁热打铁，用“蚕食”的方式一点点占领成都市场。刚开始，我们在成都打“价格战”，誓将低价进行到底，尽量压缩利润空间，哪怕只有几分几厘的利润都行，同时，店里的酒水饮料都免费提供。这样做，就是要让消费者选择我们。当然，在和成都火锅博弈的过程中，我们始终把握关键的一点：味优，价廉，还要物美，火锅的味道一定要正宗，要把重庆火锅的独特优势发挥出来。

经过一轮低价轰炸，重庆火锅的气势越来越大。我们随即又在成都做连锁店，许多成都火锅品牌一步步加盟到重庆火锅品牌旗下。就这样，只用了几年工夫，局面完全改变，有人说，成都火锅市场简直成了重庆火锅的天下。据一些记者调查，成都火锅有70%的品牌都被我们重庆“收编”了。这场成渝火锅之战的胜利，充分展现了我们重庆人如麻辣火锅一样的个性：麻辣、不怕事、不怕苦。2007年，重庆被“中国烹饪协会”授予“中国火锅之都”的荣誉称号，我们协会的努力没有白费。

曾有人问我：“成渝火锅已交战20年，你有什么心得？”我回答说：“商场如战场，但商场上没有失败者，只有圣斗士。”我认为，正是成渝两地的火锅竞争，掀起了成渝火锅发展的巨浪，成渝火锅相互促进，得到了长足发展，成都火锅也出现了更多知名品牌。在良性竞争中，没有败者，双方均是赢家。

4. 打造火锅节

重庆市火锅协会的另外一件推动重庆火锅发展的大事是打造火锅节，这是重庆火锅文化的饕餮盛宴。有人说：“如果没有重庆市火锅协会，就没有这么多届连续举办的火锅节。”

那是重庆市火锅协会成立的第一年，我们联合重庆市政府举办了首届美食节。在美食节上最突出、最令人难忘的就是火锅，所以这个美食节又被称为“火锅节”。

如何通过美食节这个平台来传播重庆的火锅文化，怎么把“下里巴人”的“街边小吃”变成小资们都爱吃的“时尚美食”，是我

推动重庆火锅发展，重庆市火锅协会打造了盛大的重庆火锅节

们考虑最多的问题。为此，在火锅节上我们举办了万人火锅宴——十万人一起吃火锅。这是火锅节的最大亮点，这是火锅节的保留节目，一直保留到了现在。这是全世界最大规模的纪录，其连续两次打破世界吉尼斯纪录，获得世界吉尼斯的认可。

当时煮万人火锅宴的是一口可以同时让 56 个人一起吃的大锅，这口锅被称为“天下第一大火锅”。后来，它被德庄买了下来，并成了他们的镇店之宝。

有了天下第一大火锅和万人火锅宴，重庆火锅怎能不被人记住？就连我们举办者都没想到，第一届火锅节就在全国引起了如此强烈的反响。不仅如此，美食节还无意间拉动了南滨路一条街的消费，激活了它的商业。一次火锅宴救活一条街，还有哪个城市的美食节能够做到这一点？

有了第一届的成功，第二届火锅节便引起社会各界广泛关注。一些企业为了参加这两三天的展览，不惜花费一两百万的成本，火锅节的影响之大可见一斑。迄今为止，火锅节已经举办了十一届。每一届美食节，都会吸引很多火锅品牌，每家都会很用心地塑造自己的品牌和形象。比如：2019 年 10 月 25 日举办的第十一届美食文化节，共集结了50余个火锅品牌、400余家火锅供应链企业。包括：重庆火锅品牌代表小天鹅、刘一手、秦妈、巴倒烫、渝味晓宇、巴九门、守柴炉、周师兄、二筒、回味川渝、镇三关、天赐温泉、山水溶洞等。

在火锅节这一天，每个品牌店的投资方都会亲自上场，为大家现场调制火锅料，这种其乐融融的场景实为难得一见。每一届美食节，都会诞生一批知名火锅品牌，可以说，美食节就是一个造“星”平台。

这些年火锅节也在不断与时俱进地进行创新。这一年年的火锅节，除了万人火锅宴，还举办了火锅百家宴。我们会专门摆放一个漂亮的平台，欢迎任何一家火锅品牌来展示，每一家的火锅都有其独特之处，于是这个展示的平台也就成了互相学习、取长补短的交流平台。

为吸引更多年轻消费者的关注，今年火锅节还特设火锅创意市集，市集内不仅有火锅牙膏、火锅味饮料、火锅面包等新奇的火锅跨界产品，让市民大开眼界，同时还有“火锅接食材、火锅打卡装置”等互动体验内容，为市民打造一个好吃又好玩的火锅节。

重庆火锅节现场

为进一步宣传重庆火锅的品牌形象，本届火锅节还与文商旅联动，开辟“麻辣重庆一日游”新玩法，将火锅节作为重庆一日游的景点之一，让外地游客一站式打卡重庆美食、美景。

此外，我们还组织开展了重庆火锅传承人炒料表演、火锅爆品食材优选会、企业专场等多项精彩活动。本届火锅节云集了来自全国各地的400余家品牌火锅食材企业，展示近万种优质食材，火锅企业及市民可低价采购心仪的优质食材。同时，由重庆市火锅协会食材专委会特别打造的“爆品食材”专区，集中展示数十款经过市场及消费者考验的网红爆品食材，通过开展食材采集优惠等促销活动，帮助食材企业拓宽销售渠道。

会上还发布了《2019火锅行业大数据&重庆火锅行业》红皮书；十余名国内火锅行业大咖从多方面、多维度分享了产业发展经验，为未来火锅行业发展提供了新思路。以上种种，我们希望将火锅节打造成为一个国内火锅行业交流、交易的平台，带动整个火锅产业链的发展。

2020年重庆火锅节已于10月份举办，总展出面积达6万多平方米。再次成了一个汇集全国火锅食材的全国火锅重大盛会。

二、“喊话”蔡澜：火锅不会消失

1. “火锅没有文化，应该消失？”

2019年，“火锅皇后”何永智向蔡澜下的一封“战书”登上微博热搜，目的是希望和蔡澜先生就“火锅有没有文化？”“火锅是否应该消失？”这些问题好好讨论一番。

事情缘起于2018年12月，蔡澜先生在湖南卫视一档节目做嘉宾，在提问环节中，被主持人问到“如果可以让一道菜消失，会选择哪一道”时，他回答：“让火锅消失吧。”理由是：“火锅是一种最没有文化的料理方式，东西切好了就扔进去，那有什么好吃呢？”

这颇有争议的言论，迅速在网上引起轩然大波，#蔡澜 火锅应该消失#的话题一度登上微博热搜榜。对此，很多网友都持反对观点，认为蔡澜根本不懂火锅。

说实话，看到蔡澜diss火锅没文化时，作为火锅人很是气愤。但最初并没有作出回应，直到3个月后，蔡先生再次提到这个话题。2019年3月1日，蔡先生在微博上发文《反对火锅》，在文章一开始他表示当时说应该让火锅消失，是“不经大脑、冲口而出的回答。这下子可好，一棍得罪天下人，喜欢吃火锅的人都与我为敌，遭舆论围攻”。

可随后他又搬出了清朝老先生袁枚关于火锅的批评，以证明自己的正确。“火锅好不好吃、有没有文化，不必我再多插嘴，袁枚先生老早代我批评。”

说实话，看到这个解释，我没看到蔡澜先生的诚意。他能冲口而出，说明有些印象根深蒂固。而且在我参加一场讲座时，现场有学员就此事件进行了提问，这让我意识到事态还在辐射影响力。

作为重庆市火锅协会会长，我觉得自己有责任有义务站出来发声，为重庆火锅正名，为数以亿计的火锅迷“讨回公道”。正好 3 月 29 日，我要去香港。于是，28 号晚，我通过微头条对蔡澜发出第一封挑战信《何永智给 @蔡澜的花花世界 的一封公开挑战信！》，希望邀他当面来辩。

2. 两次下“战书”，为火锅正名

在这封公开信中，我首先申明自己的立场，“其言论对重庆火锅伤害大，让火锅人非常愤慨。”“今天我作为一个经营火锅 37 年，又是现任重庆市火锅协会会长的老火锅人，我得好好地与你评论评论，也可以发起一个挑战！”

而后，我从饮食发展、消费者、重庆火锅三方面切入，证明火锅是有文化的。首先，饮食发展已经进入兼收并蓄、相互学习的阶段，菜品之间在融合与发展，没有好坏之分。其次，重庆火锅经过百年发展，几代人的努力，如此风靡全球，深受各地消费者青睐，一定有它道理的，消费者不可能个个都姓“傻”！

最后，切入到重庆火锅本身的制作，用“吃了 60 年的火锅至今头发不白眼睛不花”这样的证据，来证明完全没有理由让火锅消失。我同时强调：“你不喜欢吃重庆火锅，只能说明你个体差异，你怎能阻止别人去喜欢吃重庆火锅呢？”

最后，我明确发出挑战：“你不喜欢没关系，我这次再到香港是准备再开几家重庆火锅，使原来不吃麻辣火锅的香港人也爱上重

何永智 微头条
鸳鸯火锅、子母火锅专利发明人
+关注

何永智给 @蔡澜的花花世界 的一封公开挑战信！。 尊敬的蔡澜先生，前不久你发表火锅是最没有文化的料理，应该消失，引起了非常大的反响，昨天我在重庆大学去演讲，深圳的学员也在问我此事，29号我要去香港视察我在香港开的小天鹅洪鼎店，我想知会一下你，想给你当面辨论，你出的言语对重庆火锅多大的伤害，论你的年龄及在美食界的声望，都应值得我们餐饮人尊重，然而你如此不了解重庆火锅，而胡乱评价重庆火锅，太让我们火埚人非常愤慨！
今天我作为一个经营火埚37年，又是现任重庆火锅协会会长的老火锅人，我得好好的与你评论评论也可以发起一个挑战！
1）现代的饮食发展已经是百花齐放，百家争鸣的时代了。由建国初期的四大菜系、改革开放后发展到八大菜系，再到今天的融合菜系，以及火锅品类等，它们都在兼收并蓄，相互学习，没有好坏之分，这一点您应该比我更清楚更懂！
2）重庆火锅是经过百年发展，几代人的努力，如此风靡全球，深受各地消费者亲睐，一定有它道理的，消费者不可能个个都姓“傻”？
3）重庆火锅本身就是药膳，由姜葱蒜、辣椒花椒、动植物油脂、以及几十种香料熬制而成，治料时注重火功、配料比、投料顺序等，制作工艺及用心程度远比中餐中任何一道菜，重庆火锅的特色是辣而不燥，油而不腻，红亮源于自然，食后回味悠长，故能征服人们的味蕾，我吃了60多年的火锅至今头发不白眼睛不花，才让今天的重庆火锅风靡全球，你没有任何理由去排斥他，你不喜欢吃重庆火锅，只能说明你个体差异，你怎能阻止别人去喜欢吃重庆火锅呢？
蔡澜先生，你作为美食界的长者，我们都很尊重您，但切记！切记！不要说伤害全球这么多从事火锅行业和火锅相关行业的人和事。你不喜欢没关系，我这次再到香港是准再开几家重庆火锅，是原来不吃麻辣火锅的香港人也爱上了重庆火锅。你能阻止得了吗？盼与你见面！当面切搓！谢谢！何永智

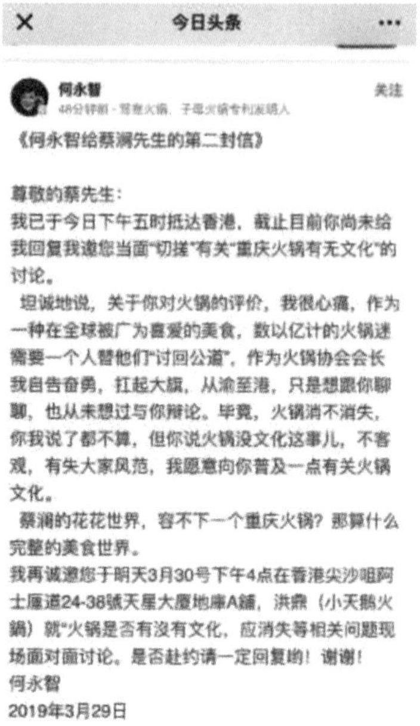

今日头条

何永智 关注
48分钟前 · 鸳鸯火锅、子母火锅专利发明人

《何永智给蔡澜先生的第二封信》

尊敬的蔡先生：
我已于今日下午五时抵达香港，截止目前你尚未给我回复我邀您当面“切搓”有关“重庆火锅有无文化”的讨论。
坦诚地说，关于你对火锅的评价，我很心痛，作为一种在全球被广为喜爱的美食，数以亿计的火锅迷需要一个人替他们“讨回公道”，作为火锅协会会长我自告奋勇，扛起大旗，从渝至港，只是想跟你聊聊，也从未想过与你辩论。毕竟，火锅消不消失，你我说了都不算，但你说火锅没文化这事儿，不客观，有失大家风范，我愿意向你普及一点有关火锅文化。
蔡澜的花花世界，容不下一个重庆火锅？那算什么完整的美食世界。
我再诚邀您于明天3月30号下午4点在香港尖沙咀阿士厘道24-38號天星大廈地庫A鋪，洪鼎（小天鹅火锅）就“火锅是否有没有文化，应消失等相关问题现场面对面讨论。是否赴约请一定回复哟！谢谢！
何永智
2019年3月29日

《何永智给 @ 蔡澜的花花世界 的一封公开挑战信！》截图

庆火锅。你能阻止得了吗？盼与你见面！当面切磋！”

他没有回应。

3 月 29 日 14:40，我再次通过微头条发出《何永智给蔡澜先生的第二封信》。

在文章开头，我首先写道：“我已于今日下午五时抵达香港，截至目前你尚未给我回复我邀您当面‘切磋’有关‘重庆火锅有无文化’的讨论。”

而后再次表明自己的立场：“蔡澜的花花世界，容不下一个重庆火锅？那算什么完整的美食世界。”最后，我向他发出面对面讨论的邀请。“我再诚邀您于明天 3 月 30 日下午 4 点在香港尖沙咀阿士厘道 24-38 号天星大厦地座 A 铺，洪鼎（小天鹅火锅）就‘火锅是否有文化，应消失等相关问题现场面对面讨论’。”

他依然没有回应。但是，我做了我认为自己应该做的事情，我问心无愧。

三、申遗之路：将重庆火锅文化传承下去

1．重庆火锅“申遗”三部曲

“重庆火锅不应在重庆这片红海中游，还应在世界中去游！”将重庆火锅申遗，是当下及未来重庆市火锅协会最重要的工作。为此，我们设计了重庆火锅申遗三步走策略：市级申遗、国家级申遗、世界级申遗。

早在2007年重庆就获得由中国烹饪协会授予的“中国火锅之都”

我获得“重庆火锅传承人”证书

称号，并把火锅列入了自己的市级非物质文化遗产目录后。2009 年，市级非遗新增了两个与火锅相关的项目，其中一个是“重庆火锅”。

2014 年 1 月 23 日，重庆火锅正式启动申报国家级非物质文化遗产项目。重庆火锅申遗，主要是申请对传统炒料工艺、技艺及火锅器具、吃火锅的饮食方式等进行保护，同时希望重庆火锅的传统技艺及火锅文化能在大工业生产中传承下来。但在此之前，重庆火锅参加了第三批国家非物质文化遗产的评选，但遗憾的是，重庆火锅落选了。落选的主要原因是那两年“老油”风波闹得沸沸扬扬，重庆火锅总是和难以定性的“老油”被一同提起，这对重庆火锅申遗非常不利。

当然，对于“申遗”，我们的最终目标早已不仅局限在“中国”，而是“联合国”。我们希望让重庆火锅打入联合国教科文组织的全球非物质文化遗产名单——那上面只有为数不多的几个食品条目，包括日本的和食，但没有中国的。

正如李德建会长所说：“韩国泡菜都成功申请了人类非物质文化遗产了，这个对我们的刺激有点大，我们重庆火锅，在全世界的影响力，应该不亚于韩国泡菜！”

首先，重庆火锅具有较广的普及性。不仅在重庆，上到官员，下到百姓，无一不偏爱重庆火锅，几乎家家都会做。目前四川地区的大部分火锅都是以重庆火锅为主流，各地火锅为支流一起汇合成一条美食之河。随着岁月的推移，重庆火锅逐渐风靡全国名扬四方，出现了“德庄”“朝天门防空洞”“秦妈”“乱劈柴”“十七门”“解放碑”等大型火锅品牌企业。其中，获得中国驰名商标和著名商标的火锅企业有 10 家，年营业额超亿元的火锅企业有 17 家，先后进入全国餐饮百强企业 14 家。有数据统计，如今重庆市内的火锅店数量，已经超过了两万家，光是从业人员，就有上百万人，这都赶上欧洲有些国家的总人口了；在全国的连锁店，更是了不得，超过五万家，占据了中国火锅市场的三分之二，在全国具有非常大的影响力。

产值方面，按照中烹协统计，2013年中国餐饮行业销售额2.5万亿，其中火锅占7000亿，重庆火锅占3500亿，重庆火锅在国内的地位没有竞争者。

重庆火锅不仅香飘国内大中城市、边陲小镇，而且作为巴渝文化的一部分远渡重洋，在日本和南洋落户。在中国港台，重庆火锅十分走红，在国外，如日本、美国、俄罗斯等，重庆火锅也有一定影响。中国专门派深圳华夏小吃培训重庆火锅特级厨师到日本去献艺，日本朋友十分推崇，并且赞不绝口，认为重庆火锅是“中国美食第一”。“世界上有华人的城市，基本上就有火锅，只要有大型超市，火锅底料就不难买，特别是华人超市。”这话一点都不夸张。可见重庆火锅的诱人魅力和影响。

同时重庆火锅也体现了中华的文化特色：它表现了中国烹饪的包容性。“火锅”一词既是炊具、盛具的名称，还是技法、“吃”法与炊具、盛具的统一。

它表现了中国饮食之道蕴含的和谐性。从原料、汤料的采用到烹调技法的配合，同中求异，异中求和，使荤与素、生与熟、麻辣与鲜甜、嫩脆与绵烂、清香与浓醇等美妙地结合在一起。特别在民俗风情上，重庆火锅呈现出一派和谐与淋漓酣畅相融之场景和心理感受，营造出一种“同心、同聚、同享、同乐”的文化氛围。

成功申遗对重庆火锅好处多多。如果一旦进入国家级乃至世界级非遗名录，首先，“重庆火锅”的名头就打响了，有助于产业的进一步扩大；另外，为了保障重庆火锅能够传承下去，他们还可以得到专项保护资金，政府也会去寻找老技艺的传承人，包发“工资”，鼓励他们将手艺传承下去。最重要的，重庆火锅成功申遗是一种文化传承。我们希望通过申遗，让重庆火锅知名度和美誉度得到提升，希望通过申遗挖掘更多的文化价值，赋予火锅新的味道。

2. 走向“世界”难在哪里?

但重庆火锅申遗之路，远远比我们想象的要困难。当下重庆火锅申遗，主要面临历史证据不足、文化定位模糊、发展理念分歧等问题。

首先，历史证据不足。国家级非遗的申报有一个硬指标，申报项目至少要有 100 年的历史，重庆火锅在历史上证据不明晰。有史料记载，海椒花椒加入汤料在同治光绪年间。沿江船工食用“水八块”出现在清末民初，这在 1910 年川东劝业会的书上有记录，水八块的主要食材就是毛肚等牛下水，但这是否用了海椒花椒，没有直接证据。

重庆方志第一次记录的麻辣火锅，是 1921 年较场口出现的白乐天火锅“开堂”，“肯定是先有沿江小泥炉水八块麻辣火锅的吃法，才有后来的登堂入室，这个历史应该往前推个十来年。”

在现有的收集的火锅器皿中，有一件是清末“马记老正兴”的锅，他认为这是重庆第一家火锅店的实物证据，有记载马氏兄弟是第一个经营“水八块”的店家，不过水八块是否用了海椒花椒，也很难说。

综上而言，重庆火锅烫毛肚的历史应该可以追寻百年，但麻辣火锅的史料记载还不足百年，而证明海椒花椒入汤烫毛肚火锅也只有百余年的历史。

其次，文化定位模糊。如果要参加国家级评选，“重庆火锅”至少要变更为“重庆火锅民俗文化”才有望申遗成功，“重庆火锅”本身是物质的而非“非物质”，“文化”二字的挖掘，很不简单，火锅体现的重庆人的豪爽、包容的性格，都应纳入。

而如果申请世界级非物质文化遗产则更难了。因为在我国国家级非物质文化遗产保护名录中，与饮食相关的项目并不少见，但是在世界级非物质文化遗产保护名录中，中国饮食却是空白。现在申请成功的都是与技艺有关的，与文化有关的比较少。

此外，就饮食类来说，与国家级非遗相比，世界级非遗可能更强调文化的认同，甚至在饮食中所体现的当地人的一种生活。比如：可能是简简单单的一种家庭生活氛围，或者是一种跟风俗或者跟祭祀等相关的东西。目前，日本和食、韩国泡菜都已进入世界非遗名录，而它们打的都是文化牌。

比如我们说韩国泡菜成了人类非物质文化遗产，其实是韩国泡菜文化申遗成功，韩国人在泡菜上赋予了很多文化符号。因此，现在我们要么对重庆火锅民俗文化进行申遗，要么对重庆火锅炒制工艺进行申遗，否则就不会成功。下一步我要对重庆火锅的文化价值和历史价值进行大力挖掘。

三是发展理念分歧。到底是参评民俗类，还是技艺类，目前还没有一个明确认识，从火锅文化上，我们没有进行很好的归纳总结，而底料炒制技艺上，大家也互相不服气。此外，让我们头疼的问题还有，如果申报火锅文化或烹制技艺为非遗，谁作为“主要传承人”？写谁可能都不服众。

但申遗之路不管多么艰辛，我们都不会放弃。这是重庆市火锅协会的责任，也是所有重庆火锅人的责任。

柒

谁说事业和家庭不能兼顾

“现代女性如何平衡事业和家庭之间的关系？”我被很多人问过这个问题。每当回首我的创业之路，我的内心就充满愧疚。在为事业打拼的生命旅程中，我疏忽了太多太多：女儿的成长、丈夫的生活、家人的团聚……不过，我认为我这样做是值得的，因为是我们共同的理解和爱缔造了现在展翅高飞的小天鹅和人山人海的洪崖洞。

一、女儿：我心中的歉疚和自豪

1. 隔阂：在委屈中长大的女儿

1982 年是我人生中最重要的一年。那一年我 29 岁，先是生下了我的女儿，接着创办了小天鹅。

“事业第一，丈夫第二，女儿第三。”我总是这样说，也一直在这样做。庆幸的是，在我事业顺利发展的同时，丈夫和女儿一切都好。尽管对女儿谈不上多少付出，但她还是那样优秀，既美丽善良又懂事能干，这让我异常欣慰与骄傲，但也时常心生愧疚。女儿几乎没有让我操半点心，连她的出生都那么顺利，我并没有像很多女人一样在生孩子这件事情上经历非同寻常的疼痛。

怀着女儿时，我常听我的妈妈讲，生孩子前最好喝二两麻油，这样生得快；吃十个鸡蛋，这样有力气。于是，我喝了二两麻油，吃了十个鸡蛋。在我快要生时，才被长光送到医院。记得到医院时是 6 点 15 分，一个小时后，连医生消毒都没来得及，女儿就顺利降生了，6 斤 6 两，我好像丝毫没感觉到痛。当时正值生育高峰期，医院床铺紧张，第二天我就出院了。

世界上的事总是充满了巧合。女儿廖韦佳出生那年，也迎来了小天鹅的诞生。因为忙于事业，女儿从出生到 3 岁，一直由她奶奶来带，我只负责抽空跑回去给她喂奶。女儿 3 岁时，她的奶奶不幸去世，我们只好找了个保姆，这个保姆一直把她带到 6 岁。上学前

结婚几十年，我和老公恩爱如初

班时，女儿已经到学校当住读生，并一直寄宿在老师家里。从学前班到小学的整整七年中，她只在周末回来。别的母亲倾尽全力为儿女操劳，而我却在为另一个“女儿”——小天鹅而忙碌，全然忽视了廖韦佳这个大女儿。

我记得有一次，女儿和我开玩笑说：“妈，我 30 岁了，但和你在一起，甚至在同一屋檐下的时间累计起来未超过三个月。”虽然是句玩笑话，但我听了却很是愧疚，因为女儿从小到大，直到结婚，一直过着“寄人篱下”的生活：婴幼儿时和奶奶在一起，之后和保姆在一起，上学和老师在一起，出国则一个人在异国他乡。

“距离产生美，真在一起，说不定会疯掉的！”女儿最后用这句调皮的话来安慰我，我知道，她怕我难受，怕我内疚。

虽然心疼女儿，但在女儿成长过程中，确实有很多次我为了另一个“女儿”——小天鹅委屈了她。有一次，我允诺带她出去玩，但到了约定的那天，却完全忘记了有这样一回事，甚至女儿打电话过来，我都没有想起来。后来，我才知道女儿有多期待这次“约会”。她伤心地挂掉电话后，一个人哭了很久，走在马路上时还差点被车撞，被司机骂得很惨。

在我的记忆中，女儿从小学到中学，我只参加过两次家长会。记忆最深的是她小学四年级那次。那天恰逢三八妇女节，学校让每个孩子写一篇关于妈妈的作文，女儿写的那篇获得了学校的一等奖，题目就叫《妈妈，你歇歇吧！》，而且她还当着全体师生及家长的面朗读了一遍。她描写我如何辛苦地忙工作，把工作和事业放在了第一位。她说，她最羡慕别的孩子放学后父母牵着他们的手回家，而她却孤零零一个人。即使每周回一次家，来接她的也是保姆。可回到家，她也依然没有父母陪伴。每逢周末，她只能眼巴巴地看着别的小孩和父母欢天喜地地去逛公园、买东西。

“这时候，我的妈妈在哪呢？可能在外地，可能在天南地北。妈妈，你歇歇吧！女儿不希望你给我留多少财产，只希望你能牵着我的手去一次公园、逛一次街。希望你不要再那么辛苦，不要把声音喊嘶哑，你要停下脚步，多品味一下生活，多关注一下自己。”

女儿在台上动情地朗读着，读得泪眼婆娑，台下的同学、老师及家长听后都唏嘘不已，而我则失声痛哭起来。在乡下当知青那段艰苦的岁月里，我没有哭；冬天在刺骨的冷水里洗菜，手冻得像胡萝卜又红又肿时，我也没有哭。但听到女儿因为没有被父母接回家而伤心失落时，我哭了，哭得很大声，心中充满着对女儿深深的歉疚。

那次家长会后，我让女儿转学去了成都，因为当时我基本上都在成都工作，这样我就能尽量多陪陪她。然而，繁忙的工作还是让我无法顾及她，又不得不把她送到了老师家里。那个老师家也有个女儿，所以经常出现两个孩子争东西的情况。哪个母亲不偏袒自己的女儿呢？我的女儿所受的委屈不言自明。女儿受了委屈从来不和我诉苦，不过她有写日记的习惯。有一次，她的日记被她的五姨看到，五姐便告诉了我，这时我才知道。

因为从小得到父母的关注太少，女儿一度选择“粗暴”的方式表示不满。有一次，我和朋友们在家打牌，但是女儿想让我陪她，但是又不知道怎么表达，便掀了牌桌。我很生气，让她认错、道歉。但她就是犟着不认错，还哭着说：“我要去警察局告诉警察，你在赌博。”

还有一次，五姐带着女儿到湖边玩。女儿看着清澈的湖水说：“这水好清澈，在这个地方跳下去，应该没有那么痛苦吧！”五姐当时就惊呆了。后来，女儿说：小的时候她不止一次想过怎样自杀是最好的方式。那时候少年的天地太小，得不到父母的关注，便以为生活没有了指望。这一切，到了女儿 15 岁时，才开始慢慢改变。

2. 和解：传真回来 20 万字

15 岁那年，刚刚初中毕业的她，便向我们提出要去美国读书。我一听就傻眼了：虽然我忙得很少见到她，但我知道，她离我不远。可如果去了美国，她有什么事怎么办？我想她了怎么办？我开始给她做思想工作，可女儿执意要去，还说叔叔就在美国，可以照顾她。

考虑到美国的教育环境不错，女儿的英文也很好，我和长光商量后，便给她在美国的叔叔（我丈夫的弟弟）打了电话，几经考虑，我们同意让她去美国读书，不过要答应我们一个条件：在美国学成后一定要回国。我和长光只有她一个女儿，我们拼命创下的家业，需要她来继承，不仅是财产的继承，更是事业的继承。懂事乖巧的女儿同意了。

女儿从重庆出发去美国的那天，我正好在上海出差。我让长光送她到重庆机场，她一个人飞到上海，然后我在上海机场接上她，又把她送上去美国的飞机。最后，由美国那边的叔叔去美国机场接她。儿行千里母担忧，15 岁的孩子独自乘机去美国，我的担心可想而知，虽然我一向以“事业第一、丈夫第二、女儿第三”为原则，可她毕竟是我身上掉下的肉，我又怎么能不牵肠挂肚呢？但我只能抑制着内心的担忧，克制着不让眼泪掉下来。既然已经答应她，就要让她高高兴兴地离开。在和女儿告别时，我们只是拥抱了一下，说了声拜拜，然后我就掉头走了。直到走出机场，我都没敢回头。

还未来得及体味女儿离开后的痛苦，一大堆工作上的事情又接踵而至，需要我去解决。当时正值小天鹅扩张的高峰期，每天都有无数个电话找我谈合作加盟的事。我拼命地工作，以便把对女儿的思念暂时冲淡。

虽然我和女儿隔着太平洋，看不到，摸不着，但我们的交流却多了起来。女儿开始在大洋彼岸给我写信，在美国遇到的所有新奇事情、喜怒哀乐，她都想找人分享，和人倾诉。女儿几乎每天都写一封信，然后积累三天后用传真发过来。每一封信，不是简单的几句话，而是差不多有三页纸。这一写就是整整一年半，信里不仅有她在生活、学习上的感悟，还有和同学之间的沟通交流。有一天她忽然告诉我：“妈妈，我开始理解您的辛苦了。”

看着女儿越来越懂事，我那颗担忧的心也慢慢踏实下来。女儿小时候，我因为工作，没有像其他母亲一样守护在女儿身边，却因此锻炼了她独立生活的能力和快速适应环境的能力。对她来说，也是一笔宝贵的精神财富。

女儿每天发来的传真解了我的思女之渴，也让我更深刻地感受到了那浓浓的母女之情。这种感受，这种思念，也一并体现在了我的事业上。因为思念女儿，在她去美国读书的第二年，我就研发出了“子母火锅”——大锅中间套着小锅，并获得国家专利。

女儿的文笔很好，后来她根据发给我的近二十万字的信，整理出版了一部小说——《星条旗下的中国宝贝》。那二十万字，不仅是她对美国生活的描绘，也是我们母女情深的最佳见证……我认为，女儿的懂事和她的独立能力有关，让孩子吃苦，是送给孩子最好的财富。

3. 母女连心：“妈妈，你的腿没地方再断了！”

女儿韦佳在美国一天天长大、成熟，我的另一个“女儿”——和她同年出生的小天鹅也在茁壮地成长。

女儿起先每天发一封信，后来便一天给我打一个电话。她打给我时，通常是美国的晚上十二点左右，而我们国内正好是下午三点钟。这着实让我为难，也觉得很对不起女儿，因为每当她打来电话，十有八九都是我正忙的时候，我只能匆忙地和她说上一两句，然后撂下一句“妈妈正在忙”，便把电话挂掉了。

女儿没有因为我的表现而生气,给我打电话的习惯依旧坚持着。因为她想：也许哪一天我正好不忙，就能和我多说会儿话了。母女连心，我知道女儿的心思，所以碰巧不忙的时候，我一定会和她多聊会儿，有时候一聊就是半个小时、一个小时，最长的时候能到两个小时。

都说女儿是父母的贴心小棉袄。女儿长大了，不仅没让我操心，反而开始关心我。在我坐着轮椅拄着拐棍到处跑的时候，在我的腿因为过多负重而让钉子断在里面的时候，女儿总是劝我注意身体，好好休息。

有一次，女儿回国看我，正值我的腿又一次需要做手术，她一边噙着眼泪，一边笑着说：“妈妈，你的腿没地方再断了！”我当时转过头，忍住了快要掉下的眼泪，那不是因为痛，而是因为感动。我笑着对女儿说：“我的腿三番儿次受伤，或许是因为老天觉得我何永智的人生太完美了——事业顺利，越做越大，丈夫出色，孩子优秀，家庭幸福——总不能天下好事都让我何永智一个人占有吧，所以就让我受点伤、忍点痛！我的这条腿果真能换来这些，我觉得也很值得，这样老天才觉得公平嘛！”

我的好心态和乐观精神感染着女儿。在美国生活了十二年的她，依然保留着中国女性的温婉、坚强和善良。她没有像其他富二代一样，在美国的花花世界里沉沦，而是一直都在努力地工作。

女儿的肩上是担负着使命的，所以我们在她很小的时候就有意识地培养她的管理能力。六七岁的时候，每次她从老师家里回来度周末，我们都带她去公司，让她熟悉环境。开董事会的时候，也会让她坐在那里旁听，感受那种氛围。

上大学期间，她选学了经济和工商管理。女儿在美国的西雅图读完大学，又去洛杉矶念了一年，随后又回到了西雅图，在一家银行做投资理财。到了谈恋爱的年龄时，我们也特别叮嘱她："不管你找哪个地方的老公，我们唯一的要求就是他能和你回中国来。"对于我们的这个要求，女儿也是一直遵守着，只要男朋友不同意这个要求，她就不再继续谈。她最后谈的男朋友是一位美籍亚裔航空工程师，在她工作一年后，两人就结婚了。

女儿和女婿在美国的薪酬都很高，所以刚开始有些不情愿回来。不过，在他们举行完婚礼的当晚，长光便问女婿："你什么时候带我们的女儿回中国？"女婿说："一年后。"他们遵守了承诺，真的在结婚一年后，也就是2008年，把美国那边的生活、工作做了个了结，回到了中国，虽然那时他们在美国也有很好的前途，但为了实践给我们的承诺，为了继承我们的事业，他们放弃了在美国的一切，为此我也很欣慰……

4. 回国：中西思想冲撞升级

女儿从小到大都没让我失望过。她所拥有的商业天赋一点都不亚于我。更令我高兴的是，女儿不仅继承了我身上的感性特质，也继承了长光身上的理性特质，还能将感性与理性很好地融为一体。

青出于蓝而胜于蓝，我相信女儿在事业上的成就一定不亚于我和长光，甚至会比我们做得更好。

2008 年，留美 11 年的女儿带着华盛顿州立大学经济和工商管理专业双学位，和我女婿一起回到了重庆。刚回国时他们摩拳擦掌，立志要在五年之内把小天鹅从传统型企业改造成国际性现代化企业。但事实上，女儿的接班之路却没有想象中顺利。

刚回来，他们便进了小天鹅，女儿是集团副总裁，专管行政人事，女婿是战略策划部总监。接受了西方十多年教育的他们，很想为小天鹅做点什么。我们便让她将我们的四个体系：火锅、酒店、食品、房产全部涉足一遍，希望她对这些产业全都了解后，再去接触她感兴趣的体系。这一圈走下来，她发现火锅体系已经有一个很成熟的团队，自己很难融进去；酒店体系，在做了一个评审后，觉得还是坚持原来的经营管理更好，自己也没有用武之地；食品加工厂，她发现了问题，便想着大刀阔斧地改革，但效果并不理想。

后来她又去了洪崖洞转了一圈，她为我们招了很多时尚的、国际化商家，比如赛百味、DQ、爱尔兰酒吧、日本料理等等，同时，还在洪崖洞组织了很多场演唱会，让重庆的年轻人对洪崖洞有了新的认识。此外，在管理方面，他们也提出了很多改进意见。从“改善员工餐饮、住宿条件”，到“开通员工反馈机制”，再到“建议员工签署《道德声明书》”……但能被采纳并且贯彻执行的，少之又少。

因为我觉得他们的想法和提议根本不切实际。“你们这些国外回来的孩子，就是理想主义、不了解中国、不接地气。”这是当时我最常挂在嘴边的一句话。

他们觉得我们不够现代。有一天女儿对我说：“妈妈，你的事业太老了！”

我们双方虽然也曾不断磨合，试图沟通，但因为双方生活经历和思维体系差异太大，谁也撼动不了对方，最后导致我和女儿一度融洽的关系又变得僵硬。

“目前的状况是如果继续战斗下去，真的要影响家庭和谐了。要么，回美国去，要留下来，就必须自己做事情，不能在父母的羽翼下成长或者继续待在母亲的公司体系内。”女儿意识到不能这么下去，在2010年正式向我提出了辞呈。

她对我说：“妈妈，我想自己创业。”她觉得在小天鹅，自己的价值无法完全体现。

“好，我支持你！”我当即表示赞成。

我支持她创业，因为只有亲身经历了创业的压力，实现了自我价值，人生过得才有意义。而且，女儿不想依附于我们给她创造的财富，她想要自己创业，这种独立与自信也让我为之骄傲。

更让我意外的是，我本打算给她准备五百万元的创业基金，但她却出人意料地拒绝了：“我只是借。这五百万我会按每年10%的利息给你，五年后连本带息一起还清。如果到时还不了，那你可以收购我的公司。”

女儿的话让我感到惊讶又兴奋：她的魄力已经超过了我。在如今这个“富二代”惹是生非的年代，我的女儿却甘愿做个辛苦的创业者，这不是老天送给我最丰厚的礼物吗？

确定了创业后，接下来面临的问题是：创业，创什么？

正好在当时，一直走传统餐饮路线的小天鹅集团也调研过做一些其他相关产业的可能，当时我们觉得有潜力的3个发展方向：社区面馆、港式甜品、茶馆。

在决定自己创业时，她第一时间想到的就是“茶”。

因为早在留学的时候，就有一颗茶的种子悄悄根植于女儿和女婿的心底。

因为西雅图是星巴克的发源地，整个城市的咖啡文化气息浓郁，在西雅图上大学时，他们习惯每天都喝咖啡。后来他们学校附近有一家台湾人开了一家茶店。

而当时西雅图遍地的美式Bubble Tea（泡沫红茶）不一样，那位台湾老板是每天早上把各种茶泡好了之后再来做调饮，口感更加清爽，而且选择多样，在年轻的亚裔群体中颇受欢迎，成为附近华人圈子最受欢迎的聚会地之一。而一直有一颗创业心的女婿甚至还想过要加盟此店，为此还打听过加盟费。当回国后，他们开始选择创业时，想选一个和我们主营的餐饮业接近，但又不一样的行业，这颗茶的种子一下就，萌发出来，成了第一选择。

女儿说，在国外的十几年，耳濡目染了星巴克的企业文化，她想把我们中国的茶做成像星巴克一样的产业。“中国的茶很有名，我们就像坐在一个茶的金矿里，却没有把握好这个机会，没有做出自己的世界品牌，并推广到全世界，我要把我们的中国茶做得如同卡布奇诺一样。”她说。

为了打造出他们心目中理想的“茶”文化，他们去巴黎、伦敦和东京考察了一圈，勾画出了轮廓：他们要做的绝不是传统茶馆，而是介于咖啡馆与中式茶馆之间、一个更具国际范儿的都市连锁茶饮品牌。一个在都市水泥森林里，面向年轻白领和商务人群的绿色心灵驿站，并决定给自己的企业取名叫“嫩绿”。

他们认为，茶，在年轻人眼里，就该是个健康的饮品，它应该和咖啡一样，简单、健康、好喝、快乐。“中国茶是世界最厉害的，在国外也是价格最贵的。我觉得这样的茶一定可以变成全球了不起的饮品，但是对于年轻人来说，它不要太难懂才会让我有机会把自己的嫩绿开到墨西哥去。”

5. 破题：从平民公主到创二代

“别人都称你是富二代，你接受这种称呼吗？”我问。

“我不做富二代，我要做创二代！”女儿能有这样的想法，我十分欣慰。

女儿不愿做一个享受型的“富二代”，而愿意做一个辛苦的“创二代”，或许我的言传身教起到了重要作用，我把创业当成自己拼搏一生的事业，享受的不是对物质财富的追逐，而是战胜困难后的喜悦，这逐渐也成了女儿向往的一种生活状态。“不做坐电梯的女孩，而是做爬楼梯的女孩！”女儿这样给自己定位。她没有夸海口。

2010 年 10 月，中国第一家用咖啡机做茶、专注调饮茶品和清饮合一的时尚茶饮店“嫩绿茶”，诞生于重庆洪崖洞。让我骄傲的是，从第 7 个月嫩绿茶就开始盈利。她的第一家店“Nenlü Tea 嫩绿茶”非常成功。她店里的生意甚至超过了附近的星巴克。

在“嫩绿茶”店，你能看到：里面坐满了复习功课的学生、约会的情侣、貌似正在商务洽谈的上班族，还有逛街逛到形神俱疲的姐妹团。他们面前摆放着西式甜点与下午茶，他们在这样一个现代设计格调的空间里，休憩、放松、聊天。

有人说：“看，这一幕，与隔壁的 Costa 咖啡，以及几十米开外的星巴克是那样的相似，嫩绿茶是不是要做中国的星巴克？”而女儿的回答是：“不，我们想做世界的嫩绿茶。”

在创业过程中，我感受到了女儿的成长。从刚开始的时候，不知道店面装修要用什么材料、家具怎么设计、到哪里找厂商，等等，到最后，她懂得了什么是成本，什么是选址，怎么和人谈判，怎么培养员工，怎么增强员工的凝聚力和提升他们的幸福感，这是做企业最需要的能力，她做到了，而且仅仅用了一年时间。

在她开第一家店的时候，我经常过去“指导”工作。女儿说：“非常谢谢您的建议，您提的建议我们只是参考，您只是以客人和债主的身份提建议，最后的决定还是我们来做。”

听完这番话，我没有不开心，反而完全放心了，我为她有着清醒的头脑而高兴。女儿对自己的人生有着很好的规划，她说要通过亲力亲为的创业，开阔自己的视野，锻炼自己的心理素质，让自己有着更清晰的发展思路。

嫩绿茶提供的产品很多，有茶、咖啡、果汁、冰激凌等。公司的拳头产品是茶叶和茶礼品。我们中国是饮茶大国，逢年过节，礼尚往来，送茶具茶叶更容易被人接受。嫩绿茶不仅有漂亮的茶具，而且还有来自 11 个国家的 30 个种类的茶叶。

靠着口口相传，嫩绿茶现如今已经成为重庆年轻人心中新的时尚地标。咖啡机做茶、专注调饮茶品的“嫩绿模式”不断颠覆茶饮界对茶的传统认知，已经升级成为茶行业的一个现象。

在创办“嫩绿茶”的过程中，当初被指责的“不接地气”“理想主义”反倒成了女儿最大的优势。正是因为不懂茶、不专业，他们才没有被传统的思维限制住，被常规的做法禁锢住，才会有无知无畏的勇气，并最终创造出了一个完全颠覆性的东西。

比如：在我的鼓励下，她花了一年时间，创造了一个冰激凌品牌——卡米奥，受到了年轻人的喜爱。从创新中找到快乐的她，也将创新用在了装修上，她的每一家店都不一样，都有着创新的元素在里面。如今她还准备研发一些健康饮品，比如果汁、与茶配套的茶点、早餐，等等。

而且，女儿从一开始想证明自己，到最后越来越能从我的身上找到相同点。我想，这应该是一种可贵的传承，这种传承，让我们母女的感情越来越深，让我们对小天鹅和嫩绿茶的发展更有信心。

几年时间，嫩绿茶已经在国内开到了第十几家店面。嫩绿茶的模式已经成熟，店的布局也开始标准化，包括装修、材质、元素、饮品等结构模式。创业前期，都是他们在亲力亲为。公司成长起来后，他们也开始聘请一些国际人才，帮助他们管理公司。来参观学习的外地企业家络绎不绝，来“偷师”、模仿的也大有人在。在这期间，还成功吸引了多家投资机构关注，这其中不乏大型国际资本公司。女儿还曾获得外经贸委颁发的“年度海外引资奖”。

嫩绿茶的新模式，还引起了西雅图市长的注意，他到重庆后邀请女儿到西雅图去开店，并且帮她选好了地址。女儿意识到，越来越多的人开始注重养生，茶是正在崛起的新的健康饮品，是未来的趋势，也有心让嫩绿茶走出国门。

2019 年 1 月，“嫩绿茶”的子品牌——“Nenlü Tea × 江小白 tea bar lifestyle”融合概念店在洪崖洞风景区 9 楼开业，新店前身是“嫩绿茶”第一家门店。它是在洪崖洞载体上进行“无界消费”的一个内容新尝试。它在品类和价格上更贴近年轻消费者，不仅在饮品上有茶酒混饮的创新品类，还有更多“涂鸦”街头文化的衍生产品和氛围烘托，这家店不仅提升了洪崖洞的年轻文化调性，还吸引了更多喜欢尝新、冒险的年轻消费者。

虽然嫩绿茶做得还不错，但女儿明白，作为独生女，她的终极使命是接班洪崖洞，因此嫩绿茶近些年放缓了发展步伐，没有盲目地进行扩张。2020 年爆发的新冠疫情，让国内某知名咖啡品牌暴露在多种风险之中，差点破产。在这一点上，女儿还是明智的，也是幸运的。

6. 从“嫩绿茶”创始人到洪崖洞接班人

如果说洪崖洞是我十年磨的第一剑（2006 年开业到 2016 年爆红），那么女儿廖韦佳是我十年磨的第二剑，从 2010 年独立创业嫩绿茶，到 2019 年正式回归洪崖洞担任重要岗位。

现在洪崖洞的提档升级项目就是女儿负责的。“我们花了太多时间在为过去的错误决策买单，但我希望不要让未来再为今天的错误决策买单。”女儿如是说。她希望可以用自己的所学将洪崖洞打造得更好。很多人对女儿寄予很高期待。有人甚至认为，这个年轻人，有可能创造出比自己父辈更大的“商业航母”。

2019 年，女儿担任洪崖洞景区管理公司总裁，刚上任就面临一个棘手问题：1 层是洪崖洞的根基，长期租赁给他人，以古玩和文创产品为主，业态陈旧，里面的装饰和管理都跟不上时代发展，洪崖洞提档升级必须首先突破这一关。女儿想用翻倍的价格收回租约，但屡次谈判均不能如愿。有很长一段时间，女儿十分沮丧，她规划用1-2层来改造唐宋时期重庆的愿望看来是要泡汤落空了。不过，“精诚所至，金石为开”，女儿相信通过自己的努力一定可以感动对方，到时古代重庆的璀璨夜市一定会美轮美奂。

1层改造受阻后，为缓解迫在眉睫的人流压力，女儿又开始动起了脑筋。这一次，她选择了另一条“蹊径”——从11层的苍白楼悬崖扶梯上引流到洪崖洞4层。为了这个方案，我们不得不牺牲掉一些洪崖洞大酒店的客房。不过，这些都值得，一方面舒缓了拥挤的人流，同时又增加了一个“时光隧道”般的打卡景点，何乐不为？我很支持女儿的方案，董事会通过后很快就铺开了。

对于洪崖洞的未来发展，女儿有自己的打算。在国家大力发展文旅产业的当下，他们打算打造文旅新零售的加速器——一个消费类品牌的孵化平台，筛选汇集一批优质且具有成长潜力的消费类初创项目进行培育，同时提供展销空间，洪崖洞的巨大流量为这些项目加速赋能。她希望通过这个平台，去孵化、加速更多有趣、时尚、体现城市文化要素的消费类品牌，它们成长起来的同时，也实现了洪崖洞自身的品牌提档和业态升级。

2020年的疫情，给洪崖洞的提档升级带来深刻的影响。刚生完孩子的女儿一直在美国，由于签证困难回不了国。她一边带孩子，一边和国内管理团队远程办公。由于时差问题，经常是晚上孩子睡了，她开始工作，那拼命三郎的工作劲像极了年轻时的我。为了提高效率，她通常在美国时间12点之后，通过微信或者钉钉召开一拨又一拨的会议，往往结束时已经是凌晨3点。白天忙着带两个孩子，晚上节奏紧张的工作会议，经常累得她倒头便呼呼大睡。

她这么拼命，不仅是为了她接班的使命，更是为了圆她心中的梦想——让爆红的洪崖洞，走向全国，走向世界。

二、我和他：小天鹅的一双“隐形的翅膀”

1. “做第一不做唯一”

真的很庆幸，我的事业成功，家庭很美满，子女的教育也很成功，这让我在创业过程中一直有很强的幸福感。很多企业家事业与家庭或者子女教育总有一些缺陷。我的幸运，大部分要归功于我的丈夫——廖长光。

长光年轻时多才多艺，人也长得英俊帅气，非常讨女孩子喜欢，但他却对我一见钟情，经过一番疯狂追求后，我们喜结良缘，这一结就是一辈子。很多人说，夫妻在性格上相似最好，这样才能产生默契，有共同语言。然而，我和长光的性格却截然相反，他比较沉稳、理性，遇事方方面面考虑得比较周全，而且也不喜欢多说话，但我却很感性，说话也直白，黑就是黑，白就是白，没有中间色，性格豪爽乐观。也许正是这互补的性格，才让我们在风风雨雨的四十五年婚姻里互相扶持着走到了现在，并将一直走下去。

我感谢长光，因为他细腻、浪漫的性格让我在工作劳累之余解乏又温暖。对我们这些出生在五六十年代的人而言，有些女人也许一生都很少收到丈夫送的鲜花。但我却能经常收到，不管是在我的生日，还是在节假日，甚至在我出差回来时，总能从接机的人群中看到他高举鲜花、深情地看着我。

看到他手拿鲜花在机场的接机处等我，我会责怪道：“这么大年龄的人了，送什么花！”这让兴致勃勃的他感到十分扫兴，“别的女人哪个不盼老公给自己送花？给你送花，倒落埋怨了。”他喃喃地说。然而，他非常了解我的性格，虽然接机时不再送花，但每到我生日或节假日时，依然会及时把鲜花奉上。这么多年，一直如此。最隆重的是情人节和我的生日，情人节通常是我们两个人单独过，但生日却一直是和小天鹅的员工一起庆祝。

他把我的生日定为集团生日，每年我生日那天都有大型庆典活动，他亲自担任总指挥，有员工文艺演出、评选全国“天鹅之星”等。他自己也会做充分的准备，一定要上台表演节目，不是吹笛子就是拉二胡，或者是唱歌，有时候还会指挥员工们大合唱。当然，他的压轴节目就是上台演唱《爱你一万年》。唱完还会准备一大束鲜花以及珍贵的礼物送给我。

记得有一年，长光为了给我庆祝生日，还专门做了一套新疆的民族服装，和我们艺术团的小姑娘一起排练新疆舞。和他的细腻相比，我就表现得粗糙很多，每年他过生日，如果别人不提醒，我总是记不住，幸好他不计较。我很欣赏他的浪漫，而他也很欣赏我的粗放质朴。

在我的生命中，丈夫的重要程度可以说超过了女儿。因为我知道，女儿长大后会有她的丈夫来爱她、疼她，而我却要和我丈夫过一辈子。很多人问我，你是怎么把事业和婚姻经营得这么好？

我的第一个感悟是：只做第一，不求唯一。我在很多场合告诉女性们：事业要努力争第一，但感情不要过于追求唯一。因为唯一非常难，何必要让自己痛苦。

我的第二个感悟是：在家庭里，女性一定要大度。而且我也觉得，女人和丈夫之间，应该建立三种感情：

第一种是朋友情。当和丈夫像朋友一样相处时，就能无话不说、无话不谈了。我的丈夫英俊潇洒、风度翩翩，这么魅力四射的男人，难免会有人喜欢。遇到这种情况怎么办？大度一点，别把一切异性当洪水猛兽。一定要自信，相信自己是最优秀的。优秀的女人怎么会留不住丈夫？

第二种是母子情。我一直认为，我们女性应该用对待儿子般的胸怀关照丈夫。所以即使他犯了一些错，能谅解还是要谅解，遇到事情时我常对长光说：“哪有母亲不原谅儿子的？”我 40 岁的时候因为车祸断腿，开始一会儿坐轮椅，一会儿拄拐棍，我问长光会不会嫌弃我，长光幽默地回了我一句：“哪有儿嫌母丑的？”

第三种才是夫妻情，这也是三种感情的核心。因为我们有子女，就应该担当起家庭的责任，双方就要受到一些约束。既然结婚了，就不要随随便便离婚。照理说，如今我们两个人都已功成名就，外面的诱惑也很多,但我们想得最多的却是要担负起家庭的责任。所以，相对于前两种感情的相互帮助、相互依赖、相互理解，我觉得更重要的是相互欣赏。结婚这么多年，我们一起经历了那么多，对彼此身上的缺点已经很清楚，但我们都能淡化对方的缺点，用一种欣赏的眼光来看对方，多看对方的优点。

只有欣赏，才能让人拥有幸福感，这不仅表现在生活上，也表现在工作上……

2. 他把事情做大，我把事情做好

我和长光的结合着实不易，经过他千辛万苦的追求我才最终和他走在一起。我经常和别人说，我们就和亚当与夏娃一样，我中有他，他中有我，两人琴瑟和鸣。

没开店时，我们经常在一起切磋音乐，一个拉小提琴，一个弹琵琶，十分和谐。自从开店做了生意，虽然没有时间在音乐上“共鸣”，但即使白天再辛苦，晚上躺在床上，我们也会畅谈理想和梦想，

幸福一家人

有着说不完的悄悄话。

很多事业有成的夫妻，创业初期风雨同舟，互相扶持。而一旦事业成功，便不能同甘了，有些还会闹得分道扬镳。究其原因，就是因为他们没有同步走，没有在同一频率上共同前行。不在一个频率上了，怎么可能奏出优美的音乐？

“身无彩凤双飞翼，心有灵犀一点通。”这一点即通的灵犀就是一种精神的沟通，也是一种默契与合作。所以，我们的事业不管发展到哪种程度，产业不管做到多大，小天鹅都是我们共同创立的，是一个整体，永远不会分家。我经常说：“我和老公就是小天鹅的一对翅膀，只有这对翅膀都硬了，小天鹅才能飞得起来。”

小天鹅的近四十年风雨飘摇路，我们永远都在并肩前行。他是小天鹅的董事长，负责在宏观上把握小天鹅的发展方向；我是小天鹅的总裁，负责在微观上处理好小天鹅的具体事务。这种分工没有高低之分，而是根据我们的个性和特长来确定的。他做事虽然没我勤奋和执着，但对政策的把握及对全局性的考虑却比我周全得多。所以遇到问题时，我们总是和对方商量，这种互补的个性，就像咬合的齿轮，配合得非常默契。

中国民营企业的平均寿命只有2.5年，为什么小天鹅能持续发展40年不倒，而且还越做越大？最重要的原因就是我们两个决策者之间能取长补短、步调一致、一起进退，这确保小天鹅得以坚持在一个正确的轨道上前行。

有人很好奇：“你和老公在同一个企业工作，又都这么能干有名，会不会出现争功现象？”

当然不会，因为“他负责把事做大，我负责把事做好”。也就是说，他负责对外，我负责对内。比如，感性的我时常闲不住，所以就发挥勤劳的特长多做一些琐碎事、具体事；理性的长光很能运筹帷幄，所以就从宏观上掌握小天鹅的发展方向。比如，我们在成都开店成功后，是他提议我们将分店向成都四周辐射，同时还提议做产业链，以便支持火锅业的发展，这才有了我想方设法去国营唯一火锅底料厂“学艺”15分钟，而后最早创办民营火锅底料加工厂的事。

他以敏锐的商业头脑对小天鹅的整体发展提出新的建议，我便针对他的建议做重点实施，力争把这件事做好。这么多年，我们“各司其职”，从而让小天鹅在40年里稳步而健康地成长。

除此而外，长光还是我们小天鹅最优秀的“外联”。在企业遇到一些问题，需要和政府及相关行政职能部门打交道的时候，通常都是由他出面解决；而对于我们企业内部的一些事情，比如和员工、客户打交道，解决纷争和接待来访等，则是由我去做。

分工无大小，做自己最擅长的，这是我和长光几十年来达成的共识。

3. 黄金搭档："你办事，我放心！"

《古绝句四首》有诗曰："南山一桂树，上有双鸳鸯。千年长交颈，欢爱不相忘。"有人形容我和长光如同南山树上的一对鸳鸯。从3000元创业到如今富贵满堂；从经营鸳鸯火锅，到发明子母火锅；从20元自助随便吃，到规模连锁经营；从驻店重庆八一路，到开枝散叶遍布全国；从火锅餐饮到宾馆酒店；从宾馆酒店到地产文化业。如今的我们虽然已经身价几十亿，但始终不离不弃、相濡以沫、荣辱与共。

我认为，夫妻之间，相互帮助、相互信任、相互理解，都不够，只有相互欣赏才是最重要的。

很多共同创业的夫妻，事业做大后，往往一个走在台前，一个退居幕后（通常男人在台前，女人在幕后），做成功男人（女人）背后的女人（男人）。可我们却不是，不管是我还是他，都不会退到幕后。我们不管什么场合，除非对方有其他事，不然我们会一起赴约。因为我们就是一个不可分割的整体，小天鹅是我们俩的孩子，所以我们要共同扶养它长大。

生活上如此，工作中亦然。我们不仅会信任对方的工作能力，还会尊重对方的工作方式和工作成果。身处同一企业，有时难免会不约而同地发现同一件事需要处理，这个时候如果我看到他先着手，原则上我是不会去参与的。如果要参与，我也会以他的意见为主，我只是协助。即使我对他的处理方式有意见、有看法，我也会私下与他交流，绝对不会在大家面前反驳他。因为我相信他这么做一定有他的原因。同样，如果我去处理一件事，他也不会参与，一定会尊重我的做法。工作中不管有什么不同意见，我们绝对不会在众人面前公开叫板，让对方难堪，这是我和丈夫不约而同的一种心灵契约。

是我处理的事情，即使他不知道，处理完后我也会告诉他一声。他也是如此。有了这样的信任和尊重，这么多年，不管企业遇到什么问题，我们都没有互相埋怨，更没有推卸过责任。在工作中，我们都难免会有失误，比如长光在投资万州批发市场上，差点让小天鹅蒙受巨大损失，而我在小天鹅合作加盟过度扩张上，差点引发小天鹅全盘崩溃，但我们都没有去责怪对方。相反，在对方为工作上的失误而自责时，我们都会尽量安慰对方，共同想办法解决。

不管事业做得多大，长光在我眼里永远是最棒的，我欣赏并崇拜他。长光是中国第九届全国人大代表，而且当了二十年的重庆市政协常委，在重庆，他是响当当的人物。我经常对我的朋友和员工说："他宏观，我微观；他战略，我战术；他是舵手，我是机械师；他把生意做大，我把生意做好；我们是小天鹅的一对翅膀，两个翅膀都要硬，才能飞得高，飞得远；鱼儿离不开水，花儿离不开秧，干小天鹅离不开廖长光的思想。"在外面，我一直很尊敬地称呼他为廖董，意思是说，他是我们小天鹅的一把手，我要听他的。

我在外面的知名度远远高于长光，但这是他谦让的结果，他把一些光环都加在我的头上，他说我是小天鹅形象代言人、新闻发言人，而他经常调侃自己这个董事长，只有懂事才长，还幽默地把自己比喻成小天鹅的一棵小草，永远也长不高。

我和长光在一个企业共同创业 40 年，相濡以沫，实属不易，虽然也会有一些争议和矛盾，但总能在几天内化解，达成一致。我们经常说的一句话就是："你办事，我放心！"简单的一句话，道出了我们对彼此的信任和欣赏。

现在，我和长光都年近 70 了，我们共同忙碌了大半辈子，目前的我们基本做到了事业安全、家庭安全、身体安全这"三种安全"，让我们体会到了几十年来最强烈的幸福感。

捌

我还要再干 30 年

我是一个大红性格的人，喜欢追逐新奇和刺激的事情，在洪崖洞和小天鹅都交给年轻的职业经理人之后，略微清闲下来的我创业激情又开始萌动。60 岁生日时，老公给我办了一场比我女儿的婚礼还盛大的生日宴。在生日宴上，我发布了我的“60 岁宣言”。我说：“我创业了 30 年，还要再干 30 年。”于是，60 岁“北漂”，62 岁“贵漂”，63 岁创建三美渝美人……今年我 67 岁了，依然还走在创业的路上，我始终感觉我的人生还可以活得更加精彩。

一、60岁的“创业漂”

1. 从“北漂”到“贵漂”

2013年，我60岁，在很多人选择退休的年龄，我却选择了第三次创业——“北漂”做养老地产。

很多人好奇：“你为什么选择养老地产？”

这主要有两个方面的原因：

一是被养老地产的广阔前景所吸引。2013年，新闻媒体开始广泛关注养老问题，因此这一年也被称为“中国养老元年”。当时，我去各地考察之后，发现中国的养老市场真的不得了，中国很快进入老年社会，养老地产未来市场发展空间巨大。当然，在兴奋之余，我也发现了这背后蕴藏的巨大挑战，因为养老地产的产业链很长，成本很高，需要进行资源大整合，很难做好。

二是受他人的热情所鼓舞。我之所以选择养老产业跟两个人有很大关系。一个是我去台湾时遇到的一位老人。彼时，那位老人已经85岁了，但是他在认真地学习钢琴。这一幕触动了我，我毅然决定开始了我的第三次创业——为老人打造一个理想的养老王国。

另一个人是汇源董事长朱新礼。也是在一个偶然的机会，我跟他邂逅。我们交谈甚欢，他被我“为天下老人养老”的理念打动了。于是，有着共同愿景的我们一拍即合，汇源和重庆小天鹅合资成立了福禧养老产业投资有限公司。

“汇源是现代农业的领跑者，可以为老人提供新鲜健康的食品，这是我们养老社区区别于其他项目的核心竞争力。小天鹅的能力是服务管理，养老产业的核心正是服务。”我们双方合作正是希望把各自的核心优势整合到养老机构中，形成综合管理能力，并最终实现规范化、产业化、集约化、标准化。

我们希望打造一个完全符合老年特征的老年产品，为老年人创造一个为自己活的平台，点燃老人心中的梦想。不过，这个项目因为国家政策的原因，不得不终止了。

但是我创业之路并没有停止。

“以后大多日子都在贵阳。”2015 年 8 月 2 日，我在朋友圈发布了这样一条动态。就这样，在 62 岁这一年，我从“北漂”一族正式成为“贵漂”一族。

这一次我开始接触“众筹”。提到这段经历，不得不提到我的老朋友——刘文献。20 世纪 90 年代初，小天鹅因为发展连锁经营遇到困难，向亚洲特许经营组织求助，刘文献就是该组织派来的特许经营专家。当时也正是他为小天鹅火锅找到了发展连锁之路，成

我又多了一个新身份——世界众筹金融小镇“镇长”

就了小天鹅火锅的快速发展。

这一次他的身份是领筹网的董事长。他于2013年创立北京特许经营权交易所，这是当时全国唯一拥有牌照的经营权交易所。同时基于交易所，他联合多家共同发起成立了中国经营权众筹第一平台——领筹网。这个众筹平台，以其创新能力在以新锐著称的互联网金融领域独领风骚。

当看到“众筹”这个新事物的无穷魅力，我心里又泛起了创业的冲动。恰巧当时我受贵阳市政府的邀请，到贵阳打造世界众筹金融小镇。就这样，我有了一个新的身份——世界众筹金融小镇“镇长”。

众筹小镇，顾名思义，小镇最大的特色就是众筹。小镇所有的岛、桥、广场、雕塑、脚印手印长廊，甚至是一砖一瓦，都会采取“众筹”的方式，可以筹资、筹人、筹资源。我想把世界众筹金融小镇打造成一个世界级的众筹标杆之作。

我在贵阳待了一年多，当时我住在贵阳市政府给我提供的一套三室一厅“高级人才公寓”。在这里，我开始接触直播、社交分享，到处奔跑为贵阳世界众筹小镇考察5D、7D技术，积极筹办万人众筹大会，忙碌的同时还不忘在朋友圈打call，大家都称我是最卖力的“宣传大使”。

在我的大力“呼唤”和“吆喝”下，朱老大水饺、人人投、百汉金融等多家领筹人先后将总部迁入贵阳。甚至国研斯坦福的秘书长也来到贵阳，带不少企业认筹了贵阳世界众筹小镇的一个小岛……当时的事业做得风生水起，我也全情投入，事无巨细地参与到各项工作中，好像身上有使不完的劲儿。

但无限透支体力和精力，我的身体终于抗议了。一天，我正在洗手间洗漱，忽然感到四肢酸痛无力、头脑一阵晕眩，而后一片空白，失去了知觉。我居然因为劳累晕倒了。

听说我累晕过去，我老公和女儿焦急不已。他们赶来贵阳，坚决不让我再继续在贵阳待下去。一方面他们担心我的身体，另一方面他们也担心："你在外面做这么多事情，我们都不知道，万一你失败了，负债了，怎么办？"

在他们的劝说下，我先是梳理出接下来要做的 6 件"大事"：打造世界众筹金融小镇、领筹美食金融、山茶花开旗袍荟、中国最大的餐饮连锁快餐、滴滴打工、在澳洲做养老项目和农业项目。

然后，他们又劝说主要精力要聚焦到一至两件事上。说实话，放弃对我来说是一件最痛苦的事。这几件事也都不是小事，也都是我自己喜欢做的事。但最终我还是作了取舍。其中舍掉的就有世界众筹金融小镇。因为这个项目投资很大，也不是一天两天可以做出来的。但在这一过程中，我的互联网思维得到了进一步扩展。

2. 三美渝美人

2015 年，在外面漂了两年多之后，在家人的强烈劝说下，62 岁的我又回到重庆，但不变的是继续创业。

2016 年，我 63 岁这一年，又一次创业，创办了三美文化传播有限公司。三美渝美人把促进女性的蝶变与成长当成自己的使命、责任和担当。为此，我们构建了"三美"平台，希望推动、帮扶女性创业，实现女性家业平衡。

我设想中的"三美渝美人"是一所学校，它能够帮助女人把过去没有学到的知识补一补，其涉及婚姻、家庭、事业、社交、心灵、礼仪、孩子等等各个方面，学习分为多个阶段进行，注重互动，侧重指导女性朋友如何生活得更加优雅、幸福和自信。

"其他城市有一个美，或者有两个美，唯独重庆有三个美——美食、美景、美女。"我也希望借助这个平台将重庆的"美女"打造成重庆的第三张城市名片。这也是继续美食火锅、美景洪崖洞之后，我倾力打造的重庆第三"美"。

三美渝美人：我打造的重庆第三张“名片”

有人可能要问：“为什么我要全力打造重庆‘美女’这张名片？”

我做过一个数据统计：在全国的女老板中，重庆籍老板占到17%，而其他城市则只占到5%-10%。虽然全世界都知道重庆出美女，却没有一张精致耀眼的美女名片。

而且根据我的研究：重庆美女的特质与重庆精神和文化传统息息相关，吃火锅长大，像重庆火锅一样，热辣奔放，所以重庆女孩也有辣妹子之称，有着热情、豪爽和坚韧向上的性格；每天爬坡上坎，使得重庆美女身材娇娆；生长在大山大水之中，心胸开阔，不拘小节，格局大。重庆美女背后是朝天门码头文化和开埠文化。我认为：我有责任和义务把这些重庆女性和她们背后的重庆精神和朝天门文化推向世界。

何为重庆女性的“美”？我认为：“女性真正的美不只是外表的光鲜靓丽，更重要的是内心与气质的沉淀，在生活中做一个智慧的女人，创新与激情并进。”

当时我主要做了两件事儿：

一是打造三美之美丽经济产业链。我认为：美丽经济是一个规

倾城女人节活动现场

模很大的产业。我们尝试通过关注旗袍、抗衰服务、女性服务课堂等把更多女性产业结合起来。

2017 年 3 月 8 日，妇女节的日子，我们在解放牌举行了首届重庆倾城女人节。我带领百余名、平均年龄 50 岁 + 的女性企业家在街头上演旗袍秀、汉服秀，还表演起各类歌舞节目。这是一场大型公益表演。我们举办这个活动是希望给女企业家们勇敢绽放自己的机会，让更多优质的女性品牌走入大众视野，让大家看到：一群优秀的女企业家们既能在家庭中扮演贤妻良母的角色游刃有余，又保有独立的人格与敏锐的思维，在生意场上运筹帷幄，巾帼不让须眉。

我记得那天下了雨，但是大家的热情很高，活动办得也很成功。这场活动总计有 450 名女性企业家，56 家知名女性品牌参展，超过 500 家企业联袂发力，覆盖受众达约千万人次。

活动上，我还亲手放飞成百上千只蝴蝶，这代表了我的心愿："重庆女人要像蝴蝶一样展翅高飞，重庆美女这张城市名片，也即将高歌猛进，绽放全世界！”

第二件事则聚焦到女性创业。

我曾做过一个调研，重庆是个女性创业氛围很浓厚的城市，女性创业占比达到27%。女性创业的共同属性是比较细心，执着。

从我个人的经历出发，我觉得女性创业给我带来很多快乐，让我不断地得到提升。尤其进入互联网时代，创业模式与此前已经完全不一样了。首先，互联网为女性创业者们提供了更多机会，通过一根网线，每个人都可以创业。基于此，我们联合赛伯乐、Best Plus孵化器、窝客孵化器、3W孵化器、牛刀会等机构，打造了创业孵化平台，给女性企业家指导，为她们丰富创业资源。

另外，根据我近四十年的创业经验，女性创业需要另一半的支持。如果里里外外都要一手抓的话就很累。女性在创业过程当中，不仅要讲究快乐地工作，还要快乐地生活。因此，我的感受是女性要找好另外一半，这样才能获得他的支持。如果你的另外一半确实不能帮上忙，就得建立好与之匹配的团队，这样才能快乐创业。为此，我们打造了三美课堂，包括：乐嘉的性格色彩学习课堂、形体礼仪课堂、三美故事会等，重点帮助女性修身养性、完善人格，职场升级，实现家业平衡，等等。

性格色彩对于了解自己也很有必要。我也是学过性格色彩课程之后才知道，我是大红性格的人，大红色是我的主色，后天我又修炼了黄色，这也锻造了我创新创造、激情无限，同时执行力强的性格特质。

虽然当时三美渝美人做得风生水起，也很有影响力，但因为一直找不到合适的盈利模式，我慢慢地就退出了，将重心又回到洪崖洞的运营上。

3. 乐嘉最年长的学生

2014年，在正和岛组织的一次演讲活动进行演讲时，我发现和我一同登台演讲的人讲得特别好。反观我自己，虽然有很多故事，但讲不出来，讲得不精彩。

我问他：“你为什么讲得这么好？”

他告诉我：“我的演讲技巧是在乐嘉那里学的。”

于是，我花了差不多5万块钱报了乐嘉的演讲课程，并去了上海，在那里进行了六天的课程学习。由此，我也成了乐嘉最年长的弟子。

经过学习我才发现：我的演讲真的很有问题。

上课第一天，当乐嘉让我五分钟讲出一个打动人心的故事时，我被难住了：五分钟怎么讲得出来一个故事啊，我一讲都是差不多二十分钟、半个小时，甚至一个小时。可想而知，我讲出的故事

我成了乐嘉最年长的弟子

有多么糟糕，可能只能打 30 分，完全不及格。

这对我打击很大：“我经常到处演讲，为什么让我五分钟讲一个精彩的故事，我就讲不出来了呢？”

我知道自己的差距很大。于是剩下的五天，我非常认真地学习。我认真分析了原因，总结出讲好故事的六字真言：挖掘、整理、呈现。挖掘就是要深挖，深挖你自己演讲的内容，对精髓点进行不断的优化和整理，最后用几分钟来呈现。

然后，我慢慢进行练习，演讲也越来越好。

2016 年 9 月 17 日，安徽黄山的秋天气候清爽、景色宜人。乐嘉老师的“性格色彩”公开课选择在黄山一家酒店举行，由于我演讲水平大幅度提升，有幸跟乐嘉同台演讲，精彩的分享博得了台上雷鸣般的掌声。

然而，乐极生悲，我人生中第九次大手术就悄然降临到我头上。

当晚，我住的酒店洗手间总是会从地板里渗出水。因为我的腿受过伤，我担心再摔跤，一开始总是用浴巾把水仔细擦干，然后再在地上铺浴巾。但没想到到了半夜三更又冒出一摊水。我半夜起身去洗手间时，一个不留心便摔倒了。在摔倒的时候，我下意识地用手撑了一下，没想到，我一屁股坐到地上，虽然保护了腿，却闪到了腰。

因为当时太晚了，我便没有联系医生，我慢慢挪到床边，一直熬到早上才打电话给酒店，然后酒店工作人员用轮椅把我推到医院。

医生检查后跟我说：“你的腰第三节腰椎断了。”并严肃地叮嘱我：“你要躺在床上至少三个月不能动。”并建议我包机回重庆。

这怎么能行？我十多天后还有一场演讲呢。我没有选择包机，而是坐飞机回了重庆。回到重庆后，连家都没回，我就去了长光帮我联系好的重庆中医院接受治疗。医生告诉我，我必须在床上至少躺一个半月，而且还必须听从他的每一个要求，千万别乱动，每动一次，后遗症会增加一次，寿命也会相应减少。

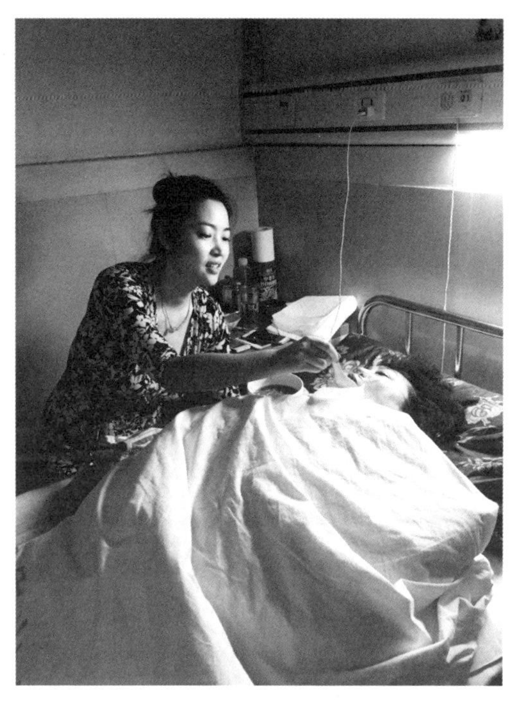

我摔断了腰，女儿廖韦佳照顾我

毫不夸张地说，这次受伤是我最为痛苦的一次。以前腿断了、脚断了，我还可以拄着拐棍自己上洗手间。但现在我必须躺在床上一动不动，因为动一下都痛得要命。

“怎么会有这么多的病痛来折磨我呀？”说实话，当时我确实是很失落，也很纠结。而正在这时，有公司的管理人员到医院来看我，对我说：“何总，前不久我妈妈去买菜时把腰摔断了，但她在北京的一家医院里面做了个微创手术后，五天就可以坐起来了。”

我一听，坐不住了。我立马开始联系可以做这种手术的医院。第一个联系的是之前给我做手术的重庆外科医院。

重庆外科医院的杨主任跟我说：“我们医院是可以做这个手术。就是在腰里面打入骨水泥。但做手术前必须要做一个核磁共振。你当时做脚股骨头手术时用的是不锈钢材料。做核磁共振时，不锈钢可能会化了磁。如果做不了核磁共振，这个手术就做不成。”我一听有点灰心。如果做不了核磁共振，我必须在医院躺够一个半月。

但我还是决定试试，于是当即转到重庆外科医院。做核磁共振那天是 2016 年 9 月 11 号，离演讲还有 7 天。那天早上八点多，我被轮椅推到了骨科医院照了核磁共振。我的运气真的非常好，我的核磁共振居然做成功了。因为当年我在中日友好医院做脚部手术时，用的是一种叫作钛合金的股骨头，它不会消磁。

当天下午 3 点，拿到核磁共振报告单的第一时间，我就联系杨主任："我想马上就做手术。"

但杨主任对我说："何总，今天肯定不行。因为今天我们已经做了八台手术了。你只能明天做了。"

我说："杨主任你今天必须给我做，因为我 17 号有个演讲。这是 20 天前就定下来的。这个活动是我主办的、发起的，我还要担任主讲人。如果我今天做完手术，15 号就可以下地了，17 号我就可以坐轮椅进行演讲分享了。"

杨主任拗不过我，只好加班帮我做了手术。手术很成功，我居然真的 5 天就可以坐起来了。9 月 17 号那天，我坐着轮椅到了礼仪天下酒店的大会场。会场有差不多 800 人，演讲性格色彩，大家都深受感动。

我觉得我总是在不停地创造奇迹。前几天连翻身都要有人帮助，几天后就可以坐着轮椅下地了。我常说："感谢上天的安排，让我的生命充满完全不一样的惊险和传奇。感恩上帝给我比常人更多机会抒写人生每一天的风景。"

二、“65 岁了也要当网红”

1. 今日头条倾力打造的大 V

2018 年，在我 65 岁时，我又成为今日头条倾力打造的“网红”。

2018 年 9 月 15 日，我在今日头条开通了个人自媒体账号。首个动态发布，即收获阅读 79 万，若干 10w+ 接踵而至。到现在，已经发出 300 多条动态，收获 12 万粉丝，总阅读早已超越千万。

2018 年 10 月，我又实名注册了抖音账号，发布小视频 100 多条，收获了近 17 万点赞和 13 万粉丝。一些关于我的采访也收获了很高的关注。比如：在抖音上，彬杰对话对我的专访，总计 8 集，收获了 2000 万的点播量。

我发布的动态中，有家庭秀、休闲秀、公司秀、行业秀，更有商业的总结、思考，表现手段多种多样，当然最多的场景还是各种时段的洪崖洞，以及重庆火锅。这些动态都是我自己创作、发布的。因为我认为：只有我自己才最了解我想表达什么，我想把最真实的自己展示出来。

因为直爽、幽默风趣的直播风格，我被粉丝亲切地称呼为“何妈妈”，被不少人称为重庆“最资深”、最具“少女感”的“网红”。最多时候一场直播吸引了数百万人观看。

很多人不解：“65 岁明明是可以退休的年纪，为什么还要这么拼？”

这跟我的性格有很大关系。我一直对新鲜事物保持着小朋友般的好奇心，且勇于学习、尝试新事物。我的人生信条是：“无论多少岁，激情永远不会退却，永远在寻找下一次让我感兴趣的事情。我觉得这是我能一次次化险为夷、一步步走到今天的重要原因。”就“互联网”这个新事物而言，我认为：它是当今时代最大的惊喜，我虽然已经 60 多岁了，但我特别喜欢互联网。

我想成为“网红”的另一原因是看中了它给洪崖洞与小天鹅火锅，甚至重庆的旅游与火锅行业带来的品牌效应。以头条、抖音为代表的自媒体是一种不需要花费太多成本，就能带来巨大品牌效应的传播手段。且这种传播效应在短时间内没有消减迹象。所以，我说：“为了小天鹅，我也要当网红！”

我加入今日头条，还要感谢我的老朋友——文化专家刘双平先生。

我们相识于 2010 年。当时他担任本山传媒的艺术总监，来到洪崖洞考察，想把刘老根大舞台开到洪崖洞。后来虽然因为种种原因这个想法没有落地，却让我们俩成了朋友，他叫我“何大姐”。2018 年，他被聘为今日头条文化专家委员会专家。改革开放 40 年，我获得“中国改革开放 40 年功勋人物”，去北京领奖，刘双平热情地给引见我今日头条的一名总监。于是，我成为今日头条的大 V。

除此，现在我经常登台演讲，分享做企业的心得和故事。比如：2018 年 12 月，我受邀登上了海绵直播演讲台，以“如何打造一个年均 1200 万人流的超级网红景点”为题进行了演讲，讲述了洪崖洞建造背后的故事。这一场直播观看人数 300 多万，帮我直接吸粉 5 万。

现在，我很喜欢互联网、喜欢抖音。我也希望借这些方式把重庆的美食、美景、美女更好地推广出去。

2. 重庆美食品鉴官

虽然我现在年龄很大，但是我自认为年龄大绝不是劣势，反而成了我的优势。我可以说我是重庆“最资深”的网红。我愿意为我们洪崖洞经常去探店互动，还要经常去搞直播、上抖音。因为我要通过各种各样的方法让洪崖洞跟更多的市民见面。

“我是洪崖洞洞主何永智。”成为网红后，我经常利用“网红”的身份拍视频、做线上分享。比如：《我家有个洪崖洞》的录制。每次拍摄时，我会戴上一顶美美哒的帽子，化上精致的妆容，然后操着一口流利的川普，走过洪崖洞里的一家又一家商铺，向大家一一介绍特色美食……这些都是免费的，也是我担任“网红”后的一项重要工作——担任重庆美食品鉴官。

遇到喜欢吃的，我会拼命推荐，也会不顾形象吃得满嘴都是油。“你家的油茶是我最喜欢的油茶。”“这家好吃，我来过很多回了。”“赶快，赶快（来一份）。”“我是这家店的老顾客了，每次来洪崖洞都要吃一碗。”

我会对美食进行详细介绍。比如：“老油茶也是我们重庆的地方名小吃之一，我们在早上上班之前，就会在街边吃碗老妈给我们做的老油茶。”“老油茶里面放了 11 种调料，味道舒服得很。而且那个米面很软，但是面上这个油茶又很脆。”“这个心心咖啡是老字号品牌，在 1936 年，重庆还是陪都时就有的品牌。”“永川的秀芽非常出名，在全国都很有知名度。”“小汤圆、红油抄手、冰粉也是重庆特色小吃。”并且会现场演示吃法，比如：“（糍粑坨坨）要加点红糖。”“喝茶（秀芽）要先闻香，闻了以后再品。”

遇到售价贵的，我会毫不客气地指出：“是不是贵了点？你卖太贵了。可不可以便宜一点？”“这里游客比较多，我建议你卖便宜一点。”也会吐槽：“这么小的调羹啊，我的天哪！”

遇到卖得过于便宜的，也会耿直发问：“你肯定是卖我便宜，卖别人很贵。”我希望店铺呈现的是真实的价格，不希望让别人认为我是在“乱打广告”。

遇到“缺斤少两”的，会直接告诉她：“你给消费者，千万别像给我一样，少两颗。一定要满满的。”

诚信经营是根本，洪崖洞杜绝一切虚假宣传。我会反复告诫商家不要缺斤少两。“真的有这么好吃吗？”“如果没有你说的这么好吃，我投诉你。”“你今天把这个量放多了一点。可能是因为洞主来了，你们比较重视。一重视量就放多了，就有点苦了。”“你给消费者怎样就给我怎样，我今天来了就是消费者，我最怕的是店家作假。”“你就把我当成顾客，我才看得出你的问题。”

我的吃播风格，被网友评价为“十分豪爽不做作，幽默而不失风趣”。这些视频每次发布后，都会收到成千上万的点赞还有评论：

“小时候在重庆经常早餐就吃老油茶，快20年没吃过了，下次回重庆一定要记得去吃。”

“看何会长边吃边讲述这个老油茶，我就流口水！一定要去吃！”

“作为一个老重庆人，竟然是去年在头条才知道有老油茶这种美食，第一次吃确是在磁器口吃的，从此爱上这款美食，洪崖洞的还没去吃过，哪天必须去！”

3. 首场抖音新闻发布会

我还尝试通过抖音进行直播。

2020年2月23日，“疫情”蔓延期间，我首次尝试借助抖音，以重庆市火锅协会会长身份用网上直播形式召开了“重庆火锅主题新闻发布会”。在这次直播中，我向大家宣布了三个事情：

一是注册“世界火锅之都”“中国特色老火锅”的商标。该商标将无偿送给火锅人使用。

二是要搞重庆“宅家火锅节”。此次宅家火锅节是由市火锅协会联动火锅天下、口碑、饿了么和永辉生活 App 等多个平台，为市民打造的一个线上火锅节。市民宅在家里，活动时间为 2 月 23 日至 3 月 31 日，通过活动，大家宅在家里也能在线逛火锅节并下单。

三是在重庆市商务委的支持下，重庆市火锅协会将牵头打造一个外卖专业平台——火都会，帮助重庆乃至全国火锅经营者开辟第二条发展之路。

我们为何要打造这样一个平台？

虽然近年来，重庆火锅发展势头良好——据市火锅协会统计，目前重庆有近 3 万家火锅门店，火锅从业人员达 80 万人——但一直采用的都是线下模式。因为过去虽然也有一些重庆火锅企业尝试做火锅外卖，但因为在重庆到处都是火锅店，大家一出门就能吃火锅，火锅外卖一直不好做。

新冠肺炎疫情打破了这一局面。疫情发生以来，重庆火锅企业普遍遇到经营困难。于是，在面临高房租、员工成本等巨大压力形势下，重庆火锅业顺势而动：2020 年 2 月 13 日起，在企业自愿报名的基础上，市商务委和重庆市火锅协会联合火锅企业推出火锅无接触外卖服务。截至 2 月 23 日，共有 80 家火锅企业、160 家门店推出此项服务，且收效明显。据统计，从 2 月 13 日到 22 日这 10 天时间，相关企业火锅外卖总量超过 3 万单，营业收入共计达到近 950 万元。

但另一方面，火锅企业做外卖也面临推广的难题，它们大多通过抖音、微信朋友圈及企业微信公众号等渠道推广。也就是说主要还是靠“朋友圈”口口相传，推广效果一般。

重庆是中国火锅之都，火锅是重庆的城市名片，在当今抗疫的大环境下，重庆火锅业如何走出一条适应自己行业发展的新路，成为火锅行业必须思考的问题。作为重庆市火锅协会现任会长，我一定要为火锅行业解决这一痛点，搭建一个自己的火锅外卖平台。

在这个中国火锅外卖平台上，有火锅外卖，也有火锅食材、底料、调味品，连锁加盟，供应链管理等等。

更具体地说，就是通过该平台，大家就算宅在家里，也可以通过这个平台逛火锅展、线上点火锅；火锅食材商、火锅底料及辣椒、花椒等调味料经营者也可以通过该平台，寻找加盟或者合作伙伴。另外，平台也会为物流配送团队相关经营者提供服务。这也是互联网高度发达的背景下重庆火锅拥抱互联网的一次新的探索与尝试。

后记："我"眼中的何永智

女儿眼中的妈妈

得知妈妈的新书要出版了，心里很是替她感到高兴，这本书可谓是她精彩人生的真实记录和精华浓缩。书中披露了很多连我都不知道的故事细节，原来妈妈经历了那么多的艰辛和挫折，看得我泪眼婆娑。小时候我对母亲其实是不太理解的，因为在我记忆中母亲总是非常忙碌，一直在奔事业，我从小跟着保姆一起长大，在各个学校寄宿。15岁那年，我去美国留学，由于想念亲人，我与母亲建立了家书联系，慢慢地我们母女关系也开始重新塑造起来。如今，我回国也十多年了，母亲成了我生活中的重要组成部分，在生活和工作上都有了深入的接触。在我眼中，母亲有三个尤为明显的性格特征。

母亲是一位特别爱"折腾"的人。一般人60岁之后都已经进入了退休状态，母亲在她60岁生日宴上，当着300多亲朋好友的面，宣布"我还要再创业30年，再活60岁"，当时我们大家都笑了，觉得这只是个"豪言壮语"。然而没过多久她就去了北京，"北漂"了大约两年时间，做养老地产，随后又去了贵阳当"贵漂"，搞世界众筹大会，一待又是将近一年。在贵阳的时候，因为工作量太大，长期得不到休息，母亲突然在洗手间晕倒。我和父亲既担心又生气，急忙赶过去，在我们的"审问"下，才知道她同时在做11件事情！我们强迫她回到重庆后，原本以为她要休息一下，没想到不过三个月，她自己又成立了一家叫 “重庆三美渝美人文化传媒”的公司，开始专门做起了美食美景美人的“三美”事业，我们简直被她搞得头大了一圈。

很多外人不知道的是，母亲的“反差萌”特质经常让家人哭笑不得。我母亲在职场上是一个非常典型的重庆女企业家形象，跟她共事过的人都知道她心直口快、很强势、很果敢，很多男人都要对她退让三分。但她在生活当中就真的是一个 “小迷糊”、“活宝气”（重庆话，又傻又可爱的意思）。 妈妈脚受伤，走路一跛一跛，我有一次问她，南极的哪个动物跟您有点儿像？我妈来了一句，是大熊猫吗？我当场快晕了，我说不是大熊猫，是企鹅。我记得我上大学的时候，有一年回国，我跟我母亲，还有她的几个朋友，一起去香港玩。我们走在大街上，她自己一个人走得很快，把我们抛在后面。我连叫了三声妈妈，她居然一点儿反应都没有，我气急了一跺脚说：“何永智！”结果她马上转过来，“什么事儿？”我说：“你怎么回事呢，我叫你三声妈妈你都不回头呀！”我妈来了一句，“哎呀，很久没有人叫我妈了，我都不习惯了，我根本就不知道你是在叫我哟。”在生活当中，她就是属于那种非常需要别人照顾的人，有时感觉她更像是女儿，我更像是妈妈。

其实，我最敬佩母亲的一个特质是乐观。她一辈子遇到过无数的困难和挫折，但都能化解郁气，重归笑容。母亲天生的大嗓门，人还没有到，笑声就已经到了。再困难的事情，也影响不到她三天心情。有一件事情，我记忆十分深刻。在40多岁时，她受伤过的腿要取出三颗钉子，手术本来一个小时可以做完，却做了三个半小时，因为她一直不停奔波导致一颗钉子变形，已经取不出来了，这个骨头也彻底坏死，只能用不锈钢来作为骨头。“后半辈子都不能像正常人一样走路了。”得知消息的我和父亲在医院走廊抱头痛哭。我觉得母亲也没有办法去接受这样的现实，但当我们走进病房时，却没看到母亲有一点惆怅和难过的样子，还满脸笑容，反过来安慰我们说：“我觉得一点都不难过，人生是很公平的，上帝赋予我太多，有个美好的家庭，有一个自己特别喜欢的事业，现在让我的身体稍微受一点伤，有什么关系呢？万事万物都不能做到尽善尽美，我觉得我已经非常幸运了。”后来，每当我遇到困难或者迷茫的时候，我都会想起母亲这些话。现在的我，也乐观了很多，有了苦痛才能感受到生活的甘甜，有了不幸才能更加珍惜当下的美好，上下起伏才能演奏出一篇优美动听的生命乐章。

我母亲的性格特点还有很多，千言万语，归成一句，母亲就是一个让我非常尊敬、非常自豪，也非常疼惜的一个人，祈愿她永远健康快乐。

女儿　廖韦佳

2020 年 9 月 1 日

率真“铁娘子”

我跟何总是老朋友了，我叫她“大嫂”。我们相识近二十载，生活上关系密切，相互熟稔：我们做过邻居，当过牌友，两家还一起出去旅游过。事业上也多有往来，我从事装修、设计工作，洪崖洞、洪崖洞大酒店、洪鼎火锅店、洪崖洞二期我都有参与。

我一直说：“何总是铁娘子。”这个“铁”有两层含义：一层含义是她的身体是“铁打”的。她一共做了十次手术，仅腿部就做了七次手术，至今股骨头里还装着不锈钢，是名副其实的“钢铁侠”。另一层含义是她有着比肩“铁娘子”的刚毅性格。她胆子大、敢想敢干，而且很坚韧。创业这些年，她曾多次走在悬崖边上，遭遇了无数的挫折和磨难，但她没有被打倒。因为她深知“摔倒了没什么了不起，爬就来重新开始就是了。但倒下就是真的输了。”她在事业上能取得这么大的成功跟这种性格分不开。她是洪崖洞和小天鹅当之无愧的精神领袖。

她很真，“不装”。台上台下、人前人后一个样。2004 年，重庆火锅被爆出石蜡底料事件。作为重庆市火锅协会会长她很着急，一直想各种办法来逆转被动局面。这时候，央视《新闻会客厅》栏目邀请她上节目向公众澄清事件的整个过程。她也想利用这个机会还重庆火锅一个清白。在出发去北京的前一天晚上，我们聚在一起打牌，她说："明天要去北京了，不知道穿什么衣服，你们帮我参谋一下。"我们帮她选定了一件很适合上镜的红色衣服。她自己也很满意，但这件衣服掉了一颗纽扣。她以前当过裁缝，二话不说，就找出针和线把纽扣缝上。你看，她就是这么真实、率真的人。正是这样的性格，让她结交了很多朋友。

她还是一个事业至上的人。我曾经劝她："年纪不小了，该歇一歇了。"她说："老孙，我歇不下来。一歇下来，我可能就站不起来了。"她习惯把每一天安排得满满当当，她认为："这样的生活才是充实的、有奔头的、有意义的。"

老邻居　孙铧

2020 年 9 月 2 日

千寻难觅的传奇女神何永智

几年前，有几位日本人到了重庆洪崖洞，感觉是进入了宫崎骏的《千与千寻》中的奇景。他们不由得跪下来痛哭流涕——太激动了！

这个洪崖洞，如今不仅仅是重庆人，就是全中国人民基本上也是津津乐道的！三年前五一节，我去延安旅游。在火车上对座的几个女大学生在兴高采烈地谈论洪崖洞。她们是刚刚去重庆旅游后返回延安大学的大学生。我听见她们谈论在洪崖洞从一层到四层小吃街，如果不坐电梯，怎么走小路可以上去这样的事。说老实话，我去洪崖洞也算有几十上百次了，还真不知道洪崖洞还有这些女大学生说的那种不乘电梯去四层的通道。

洪崖洞民俗文化风貌区，是重庆的一张名片。几年前中国领导人访问美国，美国电视台播放的介绍重庆的纪录片里就有洪崖洞，也就是说，洪崖洞属于誉满全球的那种旅游景区了。这个洪崖洞，重庆的一张名片，是一位女人创建的，她就是何永智。

2000年，当时我本人是重庆渝中区的顾问，为渝中区政府完成了一个研究课题：解放碑商圈的业态规划。在这个规划课题中，我们对解放碑商圈的许多区位进行了业态定位，包括现在已经建好了的国泰艺术馆、八一路好吃街、民族路休闲区，还有正在建设的罗汉寺佛教文化区，还没有启动的五一路业态提升等，都是我们在课题研究中提出的定位，而洪崖洞民俗文化风貌区，就是我们这个课题中提出的规划概念。2001年，我们完成的这个项目被渝中区政府采纳并且开始实施，其中就有洪崖洞民俗文化风貌区的建设与投资招标。当时与何永智的小天鹅集团公司竞争洪崖洞开发权的有重庆排第一的地产公司龙湖和著名的协信集团公司。作为餐饮公司的小天鹅集团，居然最终能够把龙湖地产和地产悍企协信挤掉，成功中标洪崖洞开发权，不能不说是一个奇迹。去年我从当时分管渝中区这方面工作的一位区领导那里获知，是何永智的执着和文化创意感动了他们，于是把项目给了小天鹅集团。

要是洪崖洞开发区给了那个时候的专业地产公司，可能今天看到的洪崖洞就不再是这么“千与千寻”的文创味了，而是到处都可以看到的普通滨江楼盘。重庆乃至中国也就没有如此魔幻的3D世界。

据我所知，何永智是有艺术细胞的。因为她年轻时候曾经是服装设计师。还有，她的大哥具有美术才华，当然同一对父母生下来的孩子，会有共同之处。我知道她大哥会画画，因为她大哥就是我的岳父啊！我太太是何永智亲侄女，也有很多的美术细胞，画点新国画很有人喜欢。这种艺术基因使得何永智在洪崖洞吊脚楼的设计上别出心裁地提出了非常特别的创意，而这种创意是违背传统建筑学教科书上的教条的。按照教科书上的重庆吊脚楼概念，不过是白墙黑瓦二三层建筑而已，就像现在在巴渝大地乡下到处可见的那些新农村民居，千篇一律，令人乏味。你想，这个样子的洪崖洞，还是应该有的洪崖洞吗！就连我们最初做规划给洪崖洞定位的课题组，都不会满意。

最终，渝中区是幸运的，重庆是幸运的，中国人民是幸运的！因为渝中区政府选择了小天鹅，选择了何永智，尽管她当初的奔放想象力令她手下的专业建筑设计师都摇头不止，甚至离她而去。因为他们难以想象吊脚楼能够修成现在这个样子：13层高，雕梁画栋！

他们不知道，何永智心目中的洪崖洞建筑群，并不仅仅是一个吊脚楼建筑群，而是一个艺术品，而艺术品是创造，并不是沿袭教科书上的既有模板！

洪崖洞，是何永智特有的艺术细胞和想象力外化之物，是创造力的明证！是一个经典，永远的传奇！

何永智的创造力体现在她的小天鹅火锅的一系列专利发明上。2001年的三八妇女节来临之前，重庆市妇联组织评选重庆市十大杰出女性。我作为专家负责在申报材料中推出服务业（包括教育行业）的几位候选人，然后通过媒体让大众投票。我看到了何永智的申报材料。令我感到惊奇的是，何永智居然拥有多项发明专利。我印象很深的就是鸳鸯锅的发明。之前，我一直以为她只是一位开火锅馆的女老板，怎么也难以把她与发明专利联系起来！我记得当时我把她作为第一名推出来。当然，那个时候我还不认识我现在的太太，她的侄女，也不认识她本人，否则就应该回避了。

尽管在20世纪90年代初就知道了火锅女皇何永智的大名，但是要到了2007年，我才第一次在刚刚建好的洪崖洞四层墙面上的图片里目睹她的芳容，当时顿感这位重庆服务行业著名的大姐大原来还是一位端庄大气、气质优雅、秀外慧中、热情奔放的美女。这些年来与她联系多一些了，也对她有了比较深入的认识：火锅女皇、洪崖洞洞主其实是一位非常感性，有着少女般浪漫情怀和理想化追求的，同时又是质朴无华，平易近人，不断有突发奇想的神奇女士。对比我多年来见到的各种各样的商人，我甚至有时候会想，像她这样单纯的女人，怎么会在生意场上如此成功！

我只能说，她是与众不同的，独一无二的，千寻难觅的传奇女神！

洪崖洞民俗文化风貌区已经有19岁了，而宫崎骏的动画电影《千与千寻》也是19年前拍摄的，两者同步同时诞生，但是何永智与宫崎骏两人当时互不知晓。他们俩怎么会异曲同工地演绎出现实版和虚拟版的千与千寻，这却是千古之谜。

这只能说，这种事情，纯属巧合！或许何永智就是千与千寻中的小姑娘千寻，而宫崎骏是里面的龙哥吧！当然，这也更加衬托出何永智的不凡经历和人生传奇！

重庆大学教授，“两江学者”
重庆市政府高级旅游经济顾问　蒲勇健
2020年8月28日
于渝中区天地雍江苑小区

永智大姐：一个精神大自在的人

大姐何永智，“大”非仅仅指年龄辈分，而是我从心里由衷的钦佩和喜爱：她是一个精神大自在的人。

她的外在看着是大线条的，但是对于生活、自然和生命的感知，却是敏感细腻的。当她看见长江和嘉陵江两江汇合的地理景象时，化像为形，创造了鸳鸯火锅，才使得重庆红油火锅走向了全球，成为重庆的城市名片，而她也因此成为中国的火锅皇后。永智大姐师法自然的创造力和灵感完全来自她生命能量的张力和细腻。来自真性情，来自真听、真看、真感觉、真创造。

而她打造了重庆第二张城市名片“洪崖洞”。大成就和大修为往往来自大磨难。每个人对磨难的态度是不一样的。有的人是哭泣的、悲伤的，有的人是耗损的、沉沦的，可是大姐对磨难的态度永远是乐观的和幽默的，有时候甚至是有点嚣张的乐观。用她自己的话来说，在洪崖洞的建设中，她是九死一生，一条腿手术了七次，换别人心气全无，而她坐轮椅完成了洪崖洞的作品，被称为“站在悬崖边上的女人”。因为她对磨难的态度，所以她跟宇宙天线的连接特别的紧密。所以，她能看到，两江旁边一定不能是普通的建筑，而一定是吊脚楼。

对于永智大姐来说，年龄就是一个谣言。让我惊奇的是，我印象中的她是大眼睛、大嗓门、大笑声、大女人，而今天的她，居然还有了美少女的感觉，多了很多青春和少女感。她的妆容愈发明亮清新，笑起来眉眼弯弯，纯净得没一丝杂质；她对于新事物、新理念的好奇心和学习力，令我叹为观止。而且，在时尚新媒体里，她比年轻人还玩儿得自如自在，以巨大的人格魅力收获无数粉丝的喜爱和拥戴。

大自在就会有大写意，故，她已做的和将做的一切，都值得我们倾心喜欢并倾心期待。

圈层能量的创始人，中国十大创业新锐

中国食品饮料行业十大风云人物，琰和集团董事长　周子琰

2020 年 9 月 1 日

您是我未来想要活成的样子

曾经有好几个朋友都说我跟干妈何永智很像。第一次见面，我们就一见如故、相聊甚欢。她说："你是我曾经的影子。"我说："您是我未来想要活成的样子。"于是我们做了一个重要的决定，我们结下了母女情缘。

干妈告诉我，她永远把事业放在第一重要的位置。工作中的她，绝对是一个叱咤风云、雷厉风行、敢拼敢闯、精明能干、果敢智慧的人，特别是她的创业经历和精神更值得敬佩！她告诉我们作为一位创业者应该具备以下几点：一是挑战。要有发现的智慧，敢于尝试，敢于挑战，勇敢地跨出去就能收获不一样的风景！二是坚持。要做一个挖井的人，不要做挖坑的人，世界上没有奇迹，只有努力的轨迹，没有运气，只有坚持的勇气，每一份坚持都是成功的积累，所有的惊艳都来自长久的努力，所有的幸运都源自不懈的坚持！三是创新。企业只有通过不断地创新才能适应新时代下新的机遇，也只有创新才能使企业产生突变，才具备应万变的适应能力，以应对快速变化的市场！

生活中的干妈有着乐观的心态。有一次，我陪干妈一起去揭阳买珠宝，买完后乘飞机回重庆。下飞机后坐在摆渡车上，干妈兴致勃勃地说，我们一起来欣赏下我们的珠宝。打开袋子一看，珠宝丢了！当时我很慌张，赶紧到处找，干妈却用爽朗的笑声安慰我："不要着急肯定能找回来的"。我突然想起飞机下降的时候，珠宝应该从袋子里面滑出来了。我们赶紧联系了乘务员，所幸终于找到了戒指。一个女人最高级的优雅就是管控自己情绪的能力，干妈面对突发事件的情绪把控能力让我心生敬佩。

干妈一直用善心善念对待身边的人和事。前段时间我陪同干妈代表中国企业家出席联合国大会并领取"世界和平功勋人物"大奖，这是中国的骄傲，更是重庆的骄傲！会上她发表了激情的演讲，"三美当中美食美景两张名片，我已经打造完成，唯有‘美女’这张名片还没有完全夯实，我想带领更多的女性实现美丽富足的人生！让我们扛起这面‘美女’大旗，一起把这份美丽而光荣的使命完成！”

我能有这样一位母亲，我真的好幸运好幸福，我会好好珍惜这一份母女情缘，余生请让我好好爱您。

小女儿　陈佳

2020 年 9 月 10 日

图书在版编目（CIP）数据

破圈者：洪崖洞的背后 / 何永智，响石著 .-- 武汉：长江文艺出版社，2021.3

ISBN 978-7-5702-2015-1

I. ①破… II. ①何… ②响… III. ①何永智 - 自传 IV. ① K825.38

中国版本图书馆 CIP 数据核字 (2021) 第 040956 号

破圈者：洪崖洞的背后

何永智 响石 著

选题产品策划生产机构 | 北京长江新世纪文化传媒有限公司
总 策 划 | 金丽红　黎　波
策划编辑 | 张　维
责任编辑 | 张　维　　装帧设计 | 郭　璐　　责任印制 | 张志杰　王会利
助理编辑 | 周海热　　内文制作 | 张景莹　　媒体运营 | 刘　冲　刘　峥　洪振宇
法律顾问 | 梁　飞
总 发 行 | 北京长江新世纪文化传媒有限公司
电　　话 | 010-58678881　　传　　真 | 010-58677346
地　　址 | 北京市朝阳区曙光西里甲 6 号时间国际大厦 A 座 1905 室　　邮　　编 | 100028

出　　版 | 长江出版传媒　长江文艺出版社
地　　址 | 湖北省武汉市雄楚大街 268 号湖北出版文化城 B 座 9-11 楼　　邮　　编 | 430070
印　　刷 | 三河市百盛印装有限公司
开　　本 | 710 毫米 ×1000 毫米　1/16　　印　　张 | 16.75
版　　次 | 2021 年 3 月第 1 版　　印　　次 | 2021 年 3 月第 1 次印刷
字　　数 | 218 千字
定　　价 | 58.00 元